世界名人非常之路

邓　肯

现代舞蹈的奠基人

赖春红◎编著

中国社会出版社

国家一级出版社·全国百佳图书出版单位

"世界名人非常之路"编委会

写在前面的话

著名学者培根说:"用伟大人物的事迹激励我们每个人,远胜于一切教育。"

的确,崇拜伟人、模仿英雄是每个人的天性,人们天生就是伟人的追星族。我们每个人在追星的过程中,带着崇敬与激情沿着伟人的成长轨迹,陶冶心灵,胸中便会油然升腾起一股发自心底的潜力,一股奋起追求的冲动,去寻找人生的标杆。那种潜移默化的无形力量,会激励我们向往崇高的人生境界,获得人生的成功。

浩浩历史千百载,滚滚红尘万古名。在我们人类历史发展的进程中,涌现出了许多可歌可泣、光芒万丈的人间精英。他们用挥毫的笔、超人的智慧、卓越的才能书写着世界历史,描绘着美好的未来,不断创造着人类历史的崭新篇章,不断推动着人类文明的进步和发展,为我们留下了许多宝贵的精神财富和物质财富。

这些伟大的人物,是人间的英杰,是我们人类的骄傲和自豪。我们不能忘记他们在那历史巅峰发出的洪亮的声音,应该让他们永垂青史,英名长存,永远纪念他们的丰功伟绩,永远作为我们的楷模,以使我们未来的时代拥有更多的出类拔萃者,以便开创和编织更加绚丽多姿的人间美景。

我们在追寻伟人的成长历程中会发现,虽然每一位人物的成长背景各不相同,但他们在一生中所表现出的辛勤奋斗和顽强拼搏精神,则是殊途同归的。这正如爱默生所说:"伟大人物最明显的标志,就是他们拥有坚强的意志,不管环境怎样变化,他们的初衷与希望永远不会有丝毫的改变,他们永远会克服一切障碍,达到他们期望的目的。"同时,爱默生又说:"所有伟大人物都是从艰苦中脱颖而出的。"

伟大人物的成长也具有其平凡性,关键是他们在做好思想准备进行人生不懈追求的过程中,从日常司空见惯的普通小事上,迸发出了生命的火花,化渺小为伟大,化平凡为神奇,

获得灵感和启发，从而获得伟大的精神力量，去争取伟大成功的。这恰恰是我们每个人都要学习的地方。

正如学者吉田兼好所说："天下所有的伟大人物，起初都很幼稚而有严重的缺点，但他们遵守规则，重视规律，不自以为是，因此才成为一代名家，成为人们崇敬的偶像。"

为此，我们特别推出"世界名人非常之路"丛书，精选荟萃了古今中外各行各业具有代表性的名人，其中包括政治领袖、将帅英雄、思想大家、科学巨子、文坛泰斗、艺术巨匠、体坛健儿、企业精英、探险英雄、平凡伟人等，主要以他们的成长历程和人生发展为线索，尽量避免冗长的说教性叙述，而采用日常生活中富于启发性的小故事来传达他们成功的道理，尤其着重表现他们所处时代的生活特征和他们建功立业的艰难过程，以便使读者产生思想共鸣和受到启迪。

为了让读者很好地把握和学习这些名人，我们还增设了人物简介、经典故事、年谱和名言等相关内容，使本套丛书更具可读性、指向性和知识性。

为了更加形象地表现名人的发展历程，我们还根据人物的成长线索，适当配图，使之图文并茂，形式新颖，设计精美，非常适合读者阅读和收藏。

我们在编撰本套丛书时，为了体现内容的系统性和资料的翔实性，参考和借鉴了国内外的大量资料和许多版本，在此向所有辛勤付出的人们表示衷心谢意。但仍难免出现挂一漏万或错误疏忽，恳请读者批评指正，以利于我们修正。我们相信广大读者通过阅读这些世界名人的成长与成功故事，领略他们的人生追求与思想力量，一定会受到多方面的启迪和教益，进而更好地把握自我成长的关键，直至开创自己的成功人生！

人 物 简 介

◎ 名人简介 ◎

　　伊莎多拉·邓肯（Isadora Duncan，1877～1927），美国女舞蹈家、编导、教师，现代舞的先驱，被誉为"现代舞之母"。

　　1877年5月26日，生于美国旧金山。少年时期学过一些舞蹈，由于生活贫穷，加入奥古斯丁·达利的舞蹈团，在美国各地演出。

　　邓肯6岁就能教小伙伴跳舞，并表现出对僵化、刻板的古典芭蕾的反感，她立志把自己的舞蹈建立在自然的节奏和动作之上，去解释和表演音乐家的作品，她不屑于为生活而去跳低级的商业化舞蹈。

　　21岁时她被迫去英国谋生，在不列颠博物馆潜心研究了古希腊艺术。受古希腊艺术的影响，邓肯创立了一种动作自然、形式自由的舞蹈。

　　1904年至1913年邓肯数次访问俄国，她的表演对俄罗斯芭蕾舞产生了较大的影响，震动了俄国艺术界。

　　1913年以后，她的创作转向悲壮的、英雄的题材——贝多芬、瓦格纳、柴可夫斯基的音乐。这其中有她创作和表演的最著名的作品《马赛曲》《斯拉夫进行曲》《国际歌》《第六交响曲》等。

　　1921年，邓肯应邀去苏联办学，同时在德国、法国设有舞蹈学校。她曾讴歌过苏联十月革命。

　　1922年，她与苏联诗人叶赛宁结婚，后又与之分手。

　　1927年9月14日，邓肯在尼斯因意外事故去世，享年50岁。著有《论舞蹈艺术》和自传《我的生平》。

◎ 成就与贡献 ◎

　　邓肯从古代雕塑、绘画中找到了她认为理想的舞蹈表现方式。她从古典音乐中汲取灵感，追求"可以通过人体动作神圣地表现人类精神"的舞蹈。她认为：技巧会玷污人体的自然美，动作来源于自我感

觉，舞蹈应该自始至终都表现生命。因此，她在伦敦的表演，使观众耳目一新，在整个欧洲受到人们的欢迎。

而她的自由舞也绝非以"兴之所至的意志"来作为基础。她的舞蹈创作基本上源自4个方面：自然主义、古典音乐、古希腊精神和革命主义激情。

热爱健美、自由的古希腊精神与邓肯要在自然中追求的理想不谋而合。她在古希腊瓶画的姿态中，发现了她浪漫主义精神的理想形态。邓肯根据希腊文化创作的代表作品有《伊菲里涅亚在奥里斯》《酒神巴克科斯》《复仇女神》等。

地位与影响

作为一个舞蹈家，邓肯获得了成功。她成为美国现代舞蹈的奠基人，并以自己创办的舞蹈学校，传播推广了她的舞蹈思想和舞蹈动作，影响了世界舞蹈的发展进程。

邓肯在世界观上既接受柏拉图、叔本华、尼采、卢梭的观点，又接受惠特曼的影响。其主流具有一定的人民性和民主性。邓肯毕生从事舞蹈改革与创新，她的实践和理论对当时和后来的舞蹈艺术发展都有很大影响。

她的舞蹈是革命性的，与一直统治着西方舞坛的芭蕾舞大相径庭，充满了新鲜的创意。

罗伯特·亨利曾说："看到她以后，使我想起惠特曼的伟大声音，我从她的舞姿中发现了深奥的哲理。看她跳舞时，使我兴奋的不仅是她的表现之美，而是她对于将来的人们所给予的纯粹美的人生意义。"

她令俄国舞蹈家福金"高兴得发狂"，"我从她的舞蹈中看到了我正在追求的东西，也就是我向同伴们所要求的表现性、单纯性和自然性。芭蕾一点也不美"。

邓肯不单是复活了古希腊精神，而且是超越了它，把"最高的智慧蕴藏在最自由的肉体之中"。

波德莱尔曾说："舞蹈能启示一切蕴藏在音乐中的东西，邓肯把肉体动作发展为灵魂的自然言语。"

目录

邓 肯

目录

走出旧金山

所谓女性美，乃由认识自己的身体开始。

——邓肯

生来具有舞蹈天赋

1877 年 5 月 26 日，伊莎多拉·邓肯出生于美国西部的旧金山。

旧金山坐落在落基山脉和太平洋之间，由于其独特的地理环境，这里聚集了大量的新大陆移民，德意志、爱尔兰、法兰西等各种血统的移民以及非洲的难民、亚洲的劳工，占据了城市 80％的人口。

各种文化传统、社会背景和生活方式，在这里交杂、融合，使得城市的人文关系和社会思潮异常活跃。

邓肯的母亲是一位拥有爱尔兰血统的移民音乐家，靠给贵族家庭做音乐教师为生。她每天的音乐教程使得邓肯在妈妈的肚子里就和音乐打上了交道。

可以说，邓肯的性格在娘胎里就定了，她在娘胎里便开始跳舞。肚子里的邓肯一听到音乐，就把妈妈的肚子踢得凸凸凹凹，这让妈妈经常痛苦地对旁人说："哦！我的这个孩子一定很不正常，也许，我会生下一个怪物。"

她一生下来，似乎就开始手舞足蹈。母亲此时不由得大叫："瞧！我没说错吧，这孩子是个疯子。"

后来，小邓肯就成了全家和朋友们的笑料：他们给她穿上衣服，放在桌子上，然后演奏音乐曲子，于是她便随着舞起来。

不幸的是，小邓肯还在褓襁中时，父亲和母亲便离了婚。邓肯和一个姐姐、两个哥哥与母亲生活在一起。

渐渐长大的小邓肯发现自己没有爸爸，一次，她好奇地问姨妈："我为什么没有父亲？"

姨妈回答说："你曾经有过。但他后来变成了恶魔，他毁了你母亲的一生。"

从此以后，小邓肯总是把自己的父亲想象成图画书中有角有尾巴的恶魔。当别的孩子谈到他们父亲的时候，她则一声不吭。

这个家庭是非常贫困的。当她5岁的时候，住在唐人街第23街的一所小房子里，因为没有钱付房租，无法再住下去了，只好搬到了第17街，但很快他们的钱又无法支付房租了，怎么恳求房东也不宽限他们，一家人又只好搬到第22街，可是又没有住多久，就又搬到了第10街。邓肯幼年时一直过着这种居无定所的生活。

邓肯的母亲是一位天主教徒，有着极其坚强的毅力、博大的爱心和对目标的执着追求，而现在，她独自带着4个孩子，生活非常艰难。

为了孩子们都能够生活得很好，母亲经常工作到很晚才回家。于是，邓肯和哥哥姐姐们的童年过着无拘无束的自由生活。

邓肯看到，那些富家子弟们虽然每天都穿得漂漂亮亮，但是由保姆和家庭老师寸步不离地伺候着真是悲哀极了，因为她觉得，他们没有自己过得自由自在。

多年以后，邓肯回忆起自己的童年时光，觉得童年自由的生活是她最初舞蹈的灵感来源，她在回忆录中这样写道：

> 因为我创作的舞蹈都是表现自由的，而我童年的生活就是无拘无束、放纵不羁的。
>
> 我的母亲、姨妈、姐姐和哥哥们，从来没有对我说"不能这样做""不能那样做"，而别的孩子呢？却因为了各种"不许"而带来了童年的苦难。

在童年这段自由的日子里，邓肯最喜欢和姐姐一起去海滩玩。她凝望着起伏的海浪，还有长尾巴鱼偶尔跃出海面，腾挪蹿跃，这神秘的潮汐，洋溢出了生命的气息。

从这时起，邓肯自己悟到了关于运动、舞蹈的最初的观念。

邓肯卓越的舞蹈天才是与生俱来的，从一开始，她就在她的舞蹈中追求动作的自由、身体的舒展。

在海滩上，她不由自主地动了起来，她的手臂、躯体在阳光的召唤和涛声的指引下，开始了舞动。她仿佛一缕阳光，用金色的翅膀拍打着云朵；她仿佛一朵浪花，融入宇宙的旋律。所有的梦想都顺从自然的旨意。美是天使，自然是上帝。

邓肯的舞蹈中充满着对自由的向往，在浪潮最激荡的一刹那，邓肯奋力腾空，双膝猛然收缩，跪倒在海水中，两臂高举向天。奔涌的浪花一哄而上，簇拥在她周围。邓肯感觉自己就好像变成了在海中诞生的女神维纳斯。

由于邓肯拥有上天赋予的舞蹈才能，当她还不到6岁时，她的舞蹈天才就显露出来了。

有一天，母亲回家发现邓肯召集了六七个街上的孩子，他们很小，还不会走路。邓肯让他们坐在自己面前的地板上，教他们挥动手臂。

母亲走过去问她在做什么？邓肯认真地回答说这是自己办的舞蹈学校。母亲觉得很有趣，就坐在钢琴前面为她弹奏乐曲。后来，这个"学校"继续办了下去，而且大受欢迎。

邻居的小姑娘们都来了，他们的父母给小邓肯一点儿钱，让她教她们。于是，邓肯成了世界上年龄最小的"舞蹈教师"。邓肯感到很自豪，她能为母亲分忧解难了。

唐人街上熙熙攘攘，走来走去的都是黄皮肤黑头发的东方人，两边都是丝绸、油盐、稻米等小商品店和一些当铺。在这里，氤氲着一种古老文明所赋予的坚忍与宁静，这里的人处事泰然，待人诚恳。

有很长一段时间，小邓肯都喜欢去唐人街转转，这时的她留着一头金发，爱穿一双烂布鞋，她长得瘦瘦的，以至于身上的白色长袍显得非常宽大。有时，她会在头发上别一个很旧的发簪，让人一看就知道她不是有钱人家的子女。

小邓肯每次走过唐人街，街坊们都要稍稍停下手中的活计，看一眼这个哪怕把她塞进脏乱的地方，也不会对她的气质改变多少的非常漂亮的小姑娘。

小邓肯总是去街北的一家丝绸店，望着橱窗里的几块中国刺绣。

去看的次数多了，那位慈蔼的中年女店老板，终于走过来问小邓肯："小妹妹，你想买吗？"

小邓肯说："非常想，但我买不起，所以只好天天来看。"

妇人无奈地一笑，又招呼别的顾客去了。直到顾客全走光了，而且快到了打烊的时间，她发现小邓肯竟然还趴在橱窗上看着那些刺绣。

老板看见她可爱的样子，便问："小姑娘，你叫什么名字？"

"伊莎多拉·邓肯。"

"看得出你真是很喜欢它们。你选一幅吧！"

"不要，看看也好的。我没有钱。"

"你几岁了？"

"下个月就满 7 岁。"

"多乖的孩子，这样吧，阿姨送你一幅做生日礼物，你选吧！"

小邓肯的脸上漾开了笑的涟漪，甜甜的，散发着童真的芬芳。她的手指着其中的一幅："阿姨，我就要那幅，几条金鱼在水中快乐地嬉戏、追逐，我甚至听得见它们的笑声呢！"

"好的，就这幅了，送给你好了。"

"不，我不能白拿您的。我会跳舞，我跳个舞给您看，好吗？"

"好哇，太好了！"

小邓肯就在柜台前的一小片空地上摆开了架势。她一只手伸向前方，另一只手别在身后，脑袋倚着手臂，定一定神。

突然，一个俯冲，好像是跃入碧涛，她的整个身体像一条小鱼儿，时而穿花绕石，摆尾畅游，时而露出水面，踌躇四顾。多神气啊！

小邓肯收回最后一个姿势，只见店铺门口已经被观众围得水泄不通了。她害羞起来，赶紧从老板那里拿了刺绣，在人群中找了一条缝钻了出去。

倔强不屈的小学生

7 岁时，小邓肯终于走进了学校。开学的第一天，老师布置学生们写一篇作文，介绍各自的家庭，写完就念给她听。

邓肯把她的生活情况照实写了下来，然后念给老师听。但没完没了的"搬家"，让老师听烦了，她拍案而起，骂邓肯是捣蛋鬼，故意用恶作剧耍弄老师，并把邓肯送到了校长面前。

校长冷冰冰地说道："叫她母亲来领人。"

邓肯的母亲来了。当她读着女儿的这篇作文时，忍不住痛哭失声，她告诉校长和老师："我发誓，这些都是实实在在的真话。我们就是这样流浪的。"

这时，全家住在三楼的两间四壁空空的房间里。有一天，邓肯听见前门铃声响，到前厅开了门。

来人是一个相貌端正、头戴礼帽的绅士。他说："请问，邓肯太太家在哪儿住？"

小邓肯回答："我就是邓肯太太的小女儿。"

那位陌生绅士突然把小邓肯抱在怀里，泪流满面，不断地吻她说："这就是我的翘鼻子公主吗？"

小邓肯非常惊讶，睁大了眼睛看着他问："你是谁？"

陌生人流着泪回答："亲爱的宝贝，我是你的爸爸呀！"

邓肯一听，一下子心花怒放，连忙跑进屋去，告诉母亲："妈妈，这下好了。爸爸回来了！爸爸回来了！"

母亲猛地站起身来，脸色惨白，全身发抖。她像生怕被别人抓住一样扑进隔壁房间，猛地反锁上了房门，歇斯底里地叫喊道："叫他走开，叫他走开！"

邓肯从狂喜到惊慌再到恐惧，但她马上冷静下来，走到前厅，很有礼貌地对爸爸说："很抱歉，家里人不太舒服，请您改天再来。"

后来，爸爸又来了好几回。但他再没要求见其他人，只是带着邓肯一起出去玩，买冰激凌和点心给她吃。

邓肯渐渐了解到，爸爸是一个诗人，他非常漂亮而且富有。让他变心的是加利福尼亚州的女诗人艾娜·库尔勃利丝，她在一所公共图书馆当管理员。爸爸带邓肯去过那里。

有一段时间，爸爸没来看邓肯。邓肯着急地去询问艾娜。艾娜说："他破产了，不知道去了哪里，我也在到处找他呢！你爸爸这人就是太倔，谁也拗不过他。"

邓肯后来再也没有见过爸爸。

邓肯慢慢长大，已经 10 岁了。在性格坚强的母亲的影响下，邓肯也养成了倔强不屈的个性。

这年圣诞节的时候，学校召开盛大的联欢会。老师给班里的学生们分发糖果和蛋糕，并对孩子们大声说："孩子们，瞧，圣诞老人给你们带什么来了？"

小邓肯立即站出来，严肃地回答："我不相信你所说的，我不相信什么圣诞老人。"

老师听了很不高兴，厉声说："只有相信圣诞老人的小孩儿才有糖果！"

小邓肯转身，面向全班同学，激动地说："我们不能相信谎言。我妈妈告诉我，她太穷，当不了圣诞老人。只有那些有钱的妈妈，才能装扮圣诞老人，送礼物哄她们的孩子。而我妈妈一个子儿都没有，除了 4 个孩子。"

班上立刻喧哗起来，孩子们都嚷着"不要糖果""不要假圣诞老人"！

老师非常恼怒，她恶狠狠地揪住小邓肯，使劲把她往下按，强迫她跪在地板上。邓肯咬紧牙，将全身的力量灌注到两腿，死不屈膝。老师气急败坏，只好让她站到墙角去。

邓肯不停地转过身来喊着："没有圣诞老人！"

最后老师没有办法，竟然开除了邓肯。

邓肯昂着头走出了校门，她在回家的路上仍不停地喊着："没有圣诞老人！"

她一点也不后悔，她说的是真话。何况，她早就讨厌课堂里的冷板凳了。回到家，邓肯一五一十地向母亲汇报。

贫困和屈辱，已使得母亲从一位虔诚的天主教徒，成了一名彻底的无神论者。她的宗教情感，慢慢地转化成另一种能量，与命运抗争，教子女成人。

母亲拉着小女儿的手说："孩子，你说得对，没有圣诞老人，也没有上帝。只有你自己的灵魂和精神才能帮助你。"

自从离开学校之后，小邓肯就一直在母亲的亲自教育下成长。邓肯的母亲本来就是一名家庭音乐老师，这使得邓肯从小就受到了良好的艺术熏陶。

邓肯的母亲白天出去教课，晚上，母亲给她的 4 个子女弹贝多芬、舒曼、莫扎特、肖邦的曲子，或者朗诵莎士比亚、雪莱、拜伦、济慈的作品。

白天，邓肯一个人悄悄地去库尔勃利丝的图书馆，贪婪地攻读荷马、狄更斯、萨克雷的全部著作。最让她不忍释卷的是惠特曼的诗，那充满激情的句子深深地打动了她，她一不小心就忘乎所以地在座位上念出声来：

我轻松愉快地走上大路，

我健康，我自由，

整个世界展开在我面前，

漫长的黄土道路可引我到想去的地方。

从此我不再希求幸福，

我自己便是幸福，

从此我不再啜泣，

不再踟蹰，也不要求什么，

消除了家中的嗔怨，放下书本，

停止苛酷的非难，我强壮而满足地走在大路上。

地球，有它就够了，

我不要求星星们更和我接近，

我知道它们所在的地位很适宜，

我知道它们能够满足属于它们的一切。

邓肯 10 岁的时候，来学跳舞的小姑娘越来越多了。她对母亲说自己已经会挣钱了，这比上学重要得多，上学只会浪费时间。她把头发梳拢，盘在头顶上，自称 16 岁。

就外表来说，她的个子很高，谁听了都会相信。她的姐姐伊丽莎白是由姥姥抚养大的，后来也和他们住在一起，教这些班的舞蹈。需要她们的人越来越多，旧金山许多有钱人家都请她们去教舞蹈了。

邓肯的哥哥奥古斯丁极为喜爱戏剧，他率领弟妹们成立了一个小剧院，这个小小的剧院越办越好，在邻里中受到热烈的赞誉，因此，他们就想到海滨去巡回演出。

邓肯跳舞，奥古斯丁朗读诗歌，然后合演一出喜剧，伊丽莎白和雷蒙德也扮演了角色。尽管邓肯当时才 10 来岁，其余的孩子也不过十几岁，他们遍及圣克拉拉、圣罗莎、圣巴巴拉等海滨地区的巡回演出却非常成功。

邓肯的叛逆性格，使她一向反对传统舞蹈诸多规则的约束，向往自由，她的舞蹈充盈着张扬的个性，表现着一种纯粹源于自然的美。

她们的舞蹈学校一天天扩大，偶尔也有大学生来报名学习，于是也就教一些"社交舞"。

邓肯虽然还是个小孩子，但她时时表现出对现实社会极为强烈的叛逆，她也是家里最勇敢的，每当家里已经快要断粮食的时候，她总会主动地到肉店去，向老板努力摆明道理，并用言语打动老板送她一些小块羊肉。有时，她还要到面包店去，费尽心机使老板赊给她一些面包。

舞蹈学校的规模大了，但随之开支也越来越大，而学费却少得可怜。她们没有理由拒收那些穷人家的孩子，因为她们教舞蹈是对舞蹈的热爱而不是对金钱的追求。这就增加了母亲的负担，她除了为学校伴奏外，还得抓紧时间做些编织去换钱。

有一回，商店硬是不肯收购她编织的东西，母亲急得直哭。

邓肯安慰母亲说："天无绝人之路。"

说完，邓肯从母亲手里接过篮子，把织好的一顶绒帽戴在头上，把连指手套也戴着，自己做"活广告"，一家一家地去兜售叫卖。几乎所有的人家都相信和喜爱这个美丽的女孩。

邓肯卖掉了所有的东西，而且所得的价钱比卖给商店要多上几倍。

到芝加哥异地求生

有位可爱的老太太是邓肯一家的朋友，常去他们家消磨晚上的时间。她从前在奥地利的维也纳住过，她说："伊莎多拉使我想起了范妮·艾斯勒。"

范妮·艾斯勒是意大利著名芭蕾舞演员，曾在欧洲各大城市演出，颇受欢迎。老太太常常给他们讲述艾斯勒大获成功的故事。她总是说："伊莎多拉将成为范妮·艾斯勒第二！"

她的话激励了小邓肯的雄心壮志。

老太太让邓肯母亲把她送到了旧金山一个著名的芭蕾舞教师那里去学习。但是，邓肯并不喜欢这位教师的课。

在第一天上课时，老师教小邓肯把脚尖踮起来，这让邓肯很难理解。她问老师："为什么要这样跳呢？"

老师回答说："因为这样美。"

"不！老师，我觉得这很丑！"邓肯继续对老师说，"您不觉得这样做很不自然吗？"

老师有些生气了，他不客气地对邓肯说："我们这是在跳芭蕾，你懂吗？"

邓肯觉得自己并不喜欢芭蕾舞，上完三节课以后，她就不去了，而且永远也没有再去。

在邓肯看来，那个芭蕾舞教师称之为舞蹈的那些僵硬而陈腐的体操动作，只是扰乱了她的理想。她追求的是一种与此不同的舞蹈。她说不清它究竟是一个什么样子，然而她探索着，走向一个看不见的世界，一旦找到钥匙，她就能够进入这个世界。

邓肯渴望着到家乡以外的地方去闯一闯，她不停地对母亲说："我一定要离开旧金山，不能再等了。"

"伊莎多拉，我理解你的心情。如果你执意要走，我愿意跟你去任何地方。你虽然懂事，但毕竟太小，还需要妈妈。"

"那可太好啦，妈妈，我们俩先去，等赚了钱，再让姐姐和哥哥们去。"

"嗯，好吧！"

1890 年夏天，母女俩将身上所有的钱估算了一下，顶多只够买两张去芝加哥的车票。

邓肯目光坚毅地说："那我们就去芝加哥。"

她们到达芝加哥时，正是大热天的 6 月。她们随身只带了一只小提箱和祖母的一些老式首饰，外加 25 美元。邓肯盼望能立刻得到聘用，这样一切事情便会十分顺利和简单。

但事实并非如此。她拜访了一位又一位经理，给他们表演舞蹈，但他们都像最初的那位一样，说："好倒很好，只是不适宜舞台演出。"

在一家职业介绍所，柜台上的女服务员问她："你会干什么？"

邓肯准备饥不择食了："我什么都会。"

"哼，依我看，你什么都不会！"

邓肯气极了："最没用的人才给别人介绍职业。"这一次有力的反击，让她大大痛快了一回。

过了几星期，她们的钱渐渐花光了，典押首饰也没有弄到多少钱。后来，不可避免的事情终于发生了：她们付不出房租，行李全被扣留，再后来，她们被拒之门外，身无分文，只得流浪街头。

邓肯的外衣衣领上有一个小小的上等真丝花边，在炎炎烈日下，她东奔西走，转了一整天想卖掉它，总算在傍晚的时候把它脱了手，卖了 10 美元，足够再租一间房子了。至于剩下的钱，邓肯买了一箱西红柿。

以后，她们整整一个星期靠吃西红柿度日。由于吃不上盐，虚弱的母亲已经撑不住了。

幸运的是，共济会教堂屋顶花园的经理最终看中了这个亭亭玉立的小女孩，但显然，他并不喜欢门德尔松那些玩意儿。

经理含一支大雪茄，帽子斜盖在一只眼睛上，用一种毫不在意的神气，看着邓肯说："你长得挺俏，姿势也不错，不过如果你肯变一变，跳点富有刺激性口味的，我就马上请你。"

邓肯不解地问："怎样才够得上您所说的刺激呢？"

经理直言不讳："得穿短裙，越短越好，修点小花边，就像那种荷叶边裙子，朦朦胧胧的。跳的时候，你要转动裙子花边，甩开大腿，用脚踢踢。知道吗？你必须从那些贵族们发晕的眼神里去捞钱，你必须先把那些人的目光拉得直直的，才会看见白花花的银子从那里流出来……"

"啊！要这样啊？"

经理理解地说："你还小，我们不会强求你。但看得出，你太需要钱了。"

"嗯……那我明天再来吧！"

接着，邓肯就去准备花边的裙子了。但是她已经没有一点钱了，想预支工资是不可能的，该怎么办呢？

她走到大街上，突然看见一家百货公司。邓肯直接面见了百货公司的经理，并向经理解释自己在明天上午需要一件带有花边的衣服，请求经理能够赊给自己。

经理答应了邓肯的请求，第二天晚上，邓肯穿着新衣服去了那家剧院。邓肯的表演令经理大喜过望，他的腰包也因此胖胖地鼓了起来。他预付了邓肯50美元周薪，使她们母女俩不至于坠入地狱。

虽然幸免饿死，但这种违背自己的理想，只是取悦观众的事，邓肯真不想再干了。她这样做，是第一次，也是最后一次。到了周末，邓肯还是坚决拒绝了续约的要求。

这一年的夏天是邓肯一生中最为痛苦的时期之一。以后再到芝加哥的时候，每次看见大街，她就会感觉到饥饿、恶心。

但是，在这次可怕的经历中，母亲从来没有提出要回家去。

恰在这时，有人介绍邓肯结识了新闻记者安勃，她是芝加哥某报社的助理编辑，当时已经年过半百，但她以充沛的精力组织着一个"波希米亚人俱乐部"。

波希米亚民族因其热情奔放、浪荡不羁而成为诗人艺术家部落的代名词。安勃便把邓肯和她的母亲邀请到"波希米亚俱乐部"去了。

俱乐部只是一幢高大楼房顶部的几间空荡荡的房间，里面有几张桌椅。尽是些与众不同的人物，是邓肯从未见过的。

安勃站在他们当中，用男人般的嗓子大声喊道："豪放的波希米亚人，一起来吧！豪放的波希米亚人，一起来吧！"

她每喊一声，他们就举起啤酒杯，用欢呼和歌唱来回答。

邓肯很快就成了这个俱乐部最受欢迎的客人。那些艺术狂徒们歇斯底里的叫嚣和不合常理的举止虽然让人侧目，但他们对舞蹈的理解却使邓肯感到相见恨晚。

这是一群最奇特的人，诗人、戏子，各国的人都有。他们好像只有一点是共同的：都是一文不名。他们聚在这里，找着一些点心和啤酒，而这些全是安勃编辑慷慨捐助的。

邓肯美妙的形体、流畅的线条以及符合内心律动的节奏，牵扯出"波希米亚人"被劣质啤酒淹没的宗教情绪，他们亲切地称邓肯为"希腊小姑娘"。

在这里，邓肯注意到了一双深蓝色的眼睛，总是穿越聒噪与混乱的迷雾，凝望着她。这种目光邓肯已经不陌生了，她曾经在韦尔龙那里体验过。她知道，它之所以如此灼热，是因为那里面藏着一束爱情的火焰。

这火焰来自米罗斯基，他比邓肯大 20 多岁，红色的蓬松长发，红胡子，但只有眼睛是湛蓝的，大海般深不可测。邓肯和他在一起，就像是在海边玩耍，掬一汪海水，撒一把贝壳，好久没有这样随意了。

米罗斯基狂热地爱上了邓肯，他也非常穷，不过常邀请邓肯和母亲到小饭馆去用餐，或者带着她们乘电车到乡下树林里去野餐。他很喜欢野菊花，不管什么时候来看邓肯，总是抱一大堆野菊花。因此，以后一见金红色的野菊花，邓肯就会联想起米罗斯基的红头发和红胡子。

在郊外的一片林子里，野餐后，米罗斯基抱了一大堆金黄色的菊花向邓肯求婚。邓肯对这个突如其来的仪式有些茫然，茫然之间，米罗斯基的吻就像惠特曼的诗句一样铺天盖地而来。在心醉神迷中，邓肯答应了这位大男人的求婚。

夏季过去，秋天到来，邓肯母女并没有在芝加哥找到她们的理想，于是她计划着到纽约去。恰好此时，邓肯在报上看到，著名的奥古斯丁·戴利和他那个由艾达·里恩担任明星的剧团正在芝加哥。她决定去见这位大人物，因为他享有美国最喜好艺术、最有审美能力的剧团经理的美誉。

接连好几个下午和傍晚，邓肯站在剧场通往后台的门口，一次又一次将她的姓名通报给戴利，求他接见。但是人们告诉她，他太忙，只能让她见他的助理。邓肯坚决不肯，说一定要见戴利本人，有十分重要的事情相告。

通过几天的努力，终于在一个黄昏，这位著名人物终于传出口信，愿与邓肯晤谈，时间在 5 分钟以内。

一走进戴利的办公室，面对着这位令人望而生畏的著名人物，邓肯二话没说，把在心中酝酿了几天的演讲倾吐而出："戴利先生，我要告诉您一个伟大的主意，在全国中恐怕只有你能懂得这个主意：我发现了舞蹈，这种已经失传了 2000 年的艺术。

"你是一位兴趣高雅的舞台艺术家，但您的舞台上正缺少了这种东西，生命意识和悲剧精神。舞台上没有这种舞蹈，好似人之有头有身，而无两足，不能前行，我现在将这种舞蹈贡献于您的面前。

"我这种思想，要改变整个时代的潮流。我从什么地方发现了这种思想呢？是从太平洋的滚滚波涛里，从内华达山脉起伏的松树林中，我看见了年轻的美国在落基山之巅翩翩起舞的风姿。当我吟诵惠特曼的诗句在美洲歌唱的时候，舞蹈的灵魂就与我的身体合二为一。

"我发现的舞蹈足以同惠特曼的诗媲美，可以说，我就是惠特曼精神上的女儿。我要替美利坚的儿女创造一种新的舞蹈，以表白美利坚的精神。我把你们舞台上所缺乏的灵魂，特此贡献于您，便是舞蹈的灵魂。

"因为你要晓得，戏剧是从舞蹈中诞生的，第一个演员就是舞蹈演员。他载歌载舞，悲剧就是这样诞生的。舞蹈演员原来那种伟大的艺术一天不返回剧院，您的剧院就一天不可能有真正的表演！"

这一番演讲让戴利对眼前的这位瘦削的女孩刮目相看，他说："好吧，我们马上要去纽约排演一部哑剧，有个小角色你可以试试。你叫什么名字？"

邓肯回答说："我叫伊莎多拉·邓肯。"

戴利面对这个单瘦而古怪的女孩，很有兴趣地说："好吧，伊莎多拉，很好听的名字。嗯，我们 10 月 1 日在纽约相见吧！"

戴利的话无异于给身处绝境中的邓肯开了一扇门，尽管这扇门很小，而且看不到门里面的究竟，但毕竟是可以踮起脚跟，满怀希冀地望它一眼了。

邓肯急急忙忙跑回家去告诉母亲："妈妈，到底有人赏识我了，鼎鼎大名的戴利先生雇用我啦！10 月 1 日以前咱们必须赶到纽约。"

母亲发愁地说："可是，用什么买火车票呢？"

邓肯不愿放过这个千载难逢的机会，她急中生智，给旧金山的几位朋友都发了同样的电报：

荣获戴利先生之聘，10月1日需抵纽约，火速电汇旅费100美元。

奇迹发生了，居然有一个朋友真的寄钱来了！

同时，来的还有她的姐姐伊丽莎白和哥哥奥古斯丁。见了那份电报，他们都来投奔她。一家人都乘上火车，满怀憧憬、高高兴兴地前往纽约。

米罗斯基这几天一直不离邓肯左右，他心想，倘若有一种偶然能让邓肯留下来，他不惜去做任何事情。

临行前，邓肯挽着米罗斯基的手臂说："请相信我对你的承诺。如果我能在纽约打开局面，对我们今后的日子会有好处。"

开始正式舞台生涯

邓肯一到纽约，她们住在一家客栈里。而住在这客栈里的，都是一些古怪的人。他们也好像那些"波希米亚俱乐部"的人一样，有一点是共同的：都没有钱付账。

到了约见的日期，邓肯一大早赶紧去找戴利。

戴利有些疑虑地对她说："好吧，目前我们聘请的哑剧的主角是来自巴黎的明星贞美，她对配角的要求相当严格，不知你能否胜任？你懂得演哑剧吗？"

邓肯不顾一切地说："我一定会尽力而为，请放心。"

虽不情愿，但邓肯除了接受这个角色外，别无他法。于是她把剧本带回家去研究。整个作品在她看来非常愚蠢，同她的理想志趣很不相称。

第一次排练就令邓肯大失所望。不仅贞美的尖酸刻薄让邓肯无地自容，更主要的是，邓肯向来就认为哑剧根本谈不上艺术，她认为：动作是抒情的，是情绪的表白，与语言没有什么关系，但是哑剧里，演剧的以动作代表语言，所以既没有跳舞者的艺术，也没有表演上的艺术，而是悬于两者之中的一种贫瘠无聊的东西。

但为了生活，她强迫自己去排练那生硬呆板的一招一式，而内心无时无刻不在抵触着它，这当然是不能进入状态的。

贞美是一个身材矮小、脾气暴躁的女子，一遇到事就发火。她指导邓肯说："用手指着对方的时候，就表示'你'，而指着自己心口的时候，是表示'爱'，而用力拍打着自己胸部，则是表示'我自己'。"

邓肯对这种表演毫无兴趣，动作也就做得非常散漫，贞美大为恼火，几番向戴利告状，要求换人。

邓肯也气坏了，在彩排中，她故意将自己嘴上的红唇膏弄到贞美的白脸蛋上。这还了得，大明星贞美旋风般地给了邓肯一个耳光，还不依不饶地喊来了戴利。

邓肯马上想到全家都将流落在一家可怕的客栈里，听凭那个铁石心肠的女店主摆布。她的脑海中又浮现出前一天见到个瘦小的合唱队歌女被扣押了行李，撵到大街上的情景，同时又想起可怜的母亲在芝加哥遭受的种种苦楚，不由得泪水夺眶而出，"簌簌"地沿着两颊滚落下来。

戴利看到她那副凄惨可怜的模样，一反往日的严厉，温和地说："她哭起来的表情多么生动。她能学会的。"

戴利这句鼓励的话，使坚强的邓肯抹干了泪水，重新投入了排练，一遍又一遍地重复那些庸俗无味的动作。而且排练越往下进行，邓肯越钦佩贞美那异乎寻常、充满活力的表情。

6周的试用期，邓肯都没有得到报酬。一家人从客栈里被赶出来，在第180街租了两间空房，里面空无一物。

由于没钱坐车，邓肯每天从家里步行走到第29街的剧院上班，为抄近路，她常常在泥土里跑，在石路上走，或者是走过木堆。她一边走，一边留意着叶落和小鸟飞翔的姿态，她揣摩着来自大自然深处的舞蹈，用舞步打发这几里的路程，驱赶疲倦，抵御庸俗。

由于没钱吃午饭，邓肯便在午饭时躲在舞台两侧的包厢里，读一本古罗马诗人马库斯·奥列留斯的集子，然后睡午觉。她用白开水撑足自己的体力，又继续参加下午的排练。

这样练习了6个星期之后，哑剧才开演，在开演一星期后，邓肯才拿到报酬。

公司在纽约演了3周之后，又到外省去巡回表演。邓肯每周的薪酬是15美元，除一半自用外，另一半寄给母亲。每到一站的时候，邓肯不是去住旅馆，而是提着衣包到处去寻找极便宜的客栈。那时她每天的生活费限制在50美分以内，一切都包括在内。

邓肯常常要走好远的路才找得着便宜的客栈。一次，她住的房间门锁不住，那里的男客人喝醉了酒，一个劲儿地想闯进她的房间来。邓肯怕极了，把沉重的大衣柜拽过来堵住了门。即使那样，她也不敢上床睡觉，警戒地坐了一夜。这对尚未成年的邓肯实在是个痛苦的经历。

贞美是个不知疲倦的人，每天都召集排练，但总是不合她的心意。邓肯随身带了几本书，不时翻阅。她每天都给米罗斯基写一封长信，算是给自己的一点安慰。

这样巡回演出了两个月，最后，全班人马回到纽约。戴利不幸蚀了本，贞美也就回巴黎去了。

邓肯又去见戴利，试图吸引他对她的艺术发生兴趣。但是，他一点也听不进去，他说："我打算派一个剧团出去表演《仲夏夜之梦》。如果你愿意，可以在那个仙女场面里跳舞。"

邓肯主张舞蹈表现凡人的感觉和情绪，对仙境之类她一点不感兴趣。不过，为生活所迫，她还是答应了。

《仲夏夜之梦》开演的时候，邓肯穿的是一条白色和金黄色薄纱做成的直筒长裙，还插有一对金丝编成的翅膀。邓肯对这副翅膀十分反感，觉得真是滑稽可笑。于是她对戴利说，不用假物她同样能够表现出翅膀来。但戴利固执得很。

那天晚上是邓肯第一次单独登台表演舞蹈，她觉得非常高兴。她终于一个人站在一个大舞台上，在大批观众面前跳舞了。她跳得很好，观众不由自主地鼓起掌来。用他们的话来说，她"打响"了。

当邓肯走进台侧，满以为戴利先生会高高兴兴地过来向她祝贺，没想到他勃然大怒，冲她大发雷霆："这里不是舞厅!"

可是观众好像不理睬他的叫嚷，依然为这个舞蹈鼓掌。

在纽约演了两星期后，《仲夏夜之梦》也"上路"了，邓肯又得恢复那种沉闷的旅行和寻找客栈的生活了。只是她的薪水已加到每周25美元。

一年就这样过去了。邓肯站稳了脚跟，但理想的破灭使她变得孤僻，在剧团中，谁也不和她讲话，她也不和谁讲话，只有泰坦尼娅王后的扮演者莫德·温特算得上是一个朋友。

她长得很甜，从来只吃柑子，不沾一点别的食物，她对邓肯说："唯独我们两个，是属于另一个世界的人。"

但是不久，温特即死于恶性贫血病，去了另一个世界，这个世界就只剩下孤独的邓肯了。

不与人交往，反而让邓肯忐忑的心舒坦一些，平静一些，大度一些。在读书中，她迷上了斯多噶派，倒不是去扼制自己的欲望，而是找到了一条沟通自我的道路。她不再计较别人眼中的"自己"，那是别人的；她看重的是能否坚持我自己的"自己"，这才是真正的我。

巡回演出到了芝加哥，邓肯又见到了米罗斯基，他们长时间地在郊外的森林里散步，正当邓肯提出要和米罗斯基成婚时，米罗斯基吞吞吐吐地告诉她：他在伦敦有自己的家庭。

邓肯惊愕万分。但她冷静下来之后，感谢米罗斯基没有欺骗她，而后随剧团回了纽约。

邓肯的努力，改变了全家的经济状况。哥哥奥古斯丁也加入了一家剧团，另一个哥哥雷蒙德当上了一家报馆的通讯员，姐姐伊丽莎白则办了一所舞蹈学校。情况的发展似乎有点时来运转的味道。

在这两年之中，邓肯一家人在纽约租了一间艺术室，带有一间浴室。这间艺术室中没有任何家具，只有5个弹簧垫子。他们把四面的墙上都挂上帘布，白天把垫子竖在墙边，晚上就睡在垫子上。

姐姐就在这间艺术室里教她的学生，而哥哥奥古斯丁也不常在家。雷蒙德也是一样，经常在外面采访。为了减轻负担，他们把房子也租给教演说、音乐或唱歌的人，租金以钟点论价。

由于只有一间房，当出租的时候，一家人只好都到外面去散步。他们曾在中央公园的雪地里跑来跑去，以便使身体暖和一些，然后再走回来，站在门外谛听。

此时，戴利的剧团频频亏本，入不敷出。为了赚钱，他请了一班人，组成四人合唱团，并力邀邓肯参加。

邓肯缺乏唱歌的天赋，她总是张着嘴巴，美滋滋地站在那里，其实一声也不吭。

不久，戴利唆使演员在舞台上进行艺伎表演，邓肯忍无可忍，鼓起勇气向戴利提交了辞职书，她又成了个体户。

她惆怅地走在街上，优雅而沉郁。忽然，一阵乐曲飘入她的耳畔，多么契合她此刻的心情啊：

> 年轻的拉吉苏斯……
> 寂寞地站在小溪边，顾影自怜，他不能在人群中找到自己，他只能在水中找到自己，清纯，单薄，充满神韵。
> 他跃入溪流，他沉浸在音乐的波光之中，成了一朵水仙花。

这就是美国钢琴家、作曲家埃斯尔伯特·雷文的音乐《拉吉苏斯》。邓肯跑回工作室，马上编排了舞蹈《拉吉苏斯》。

一天，邓肯正在工作室里练功的时候，门忽地开了，冲进来一位青年人，他眼色发狂，怒声冲邓肯断喝："听说你用我的乐曲跳舞，我不准，我不准！我的音乐可不是舞蹈音乐，谁也不许用它来跳舞！"

原来，他就是《拉吉苏斯》乐曲的作者雷文。雷文是那个时代最杰出的音乐天才，人们永远迷醉于他那富于生命幻灭感的旋律。他来找邓肯的时候，已身染顽疾。

邓肯温柔地望着他，无形中消解了他心头的火气。她牵着雷文的手，把他领到房里仅有的一张椅子旁："请坐下来，我要用您的曲子跳个舞。如果您不满意，我就发誓以后决不再跳舞。要是您觉得还不错，那么，请您抛弃对舞蹈的偏见。"

于是，邓肯按着雷文的"拉吉苏斯"跳了起来。在雷文的眼前，身穿白色舞衣的邓肯仿佛化成拉吉苏斯在水边卓然而立。他站在小溪旁看着看着，终于对自己的影子发生了爱恋，最后衰竭而死，成了一朵水仙花。

雷文感觉，邓肯的每一个动作，都源于她内心真挚的情感；自己音乐中的精神，仿佛清澈的溪水在这个女孩的舞姿中流淌。她的每一个动作，都迎合着自己音乐中的韵律，将自己藏于音乐中的情感完全地阐发了出来，化为优美的形体语言。

邓肯的最后一个动作还没有做完，雷文已经从椅子那边冲了过来。他一把抱住邓肯的肩膀："你真是个歌舞女神。我创作这个乐曲的时候，心目中所看到的恰恰就是你表现的形象。"

雷文久久地凝视着邓肯，纤细的手指在她的发间抚弄。突然，他坐到了钢琴边上，手指急不可耐地按起了琴键。

邓肯也随着音乐跳了起来：泉水叮咚，花开百树；茂林修竹，鹧雀千啭。悬在枝头的太阳，是这个季节唯一的果实，飞翔的女神捧着它，冉冉升腾。

雷文心情激动地说："这是我专门送给你的即兴演奏曲，你给它取个名字吧！"

邓肯冲口而出："谢谢你。我看，就叫它《春天》。"

雷文决定借助他的威望和影响，让邓肯的舞蹈走向观众。他亲自筹备，预订会场，设计海报等，每天晚上和邓肯一起排演。

邓肯在卡内基会堂的小音乐室连续几场演出，都获得成功，在纽约轰动一时。雷文的伴奏使许多号称"专家""权威"的那一类人也对邓肯刮目相看。

从此，纽约城中许多有名望的妇女，开始邀请她到她们家中跳舞，那个夏季，爱斯特夫人请邓肯到她纽坡特的别墅去跳舞。那儿是时髦的消夏胜地，而爱斯特夫人在美国的地位比英国的女王还要令人恐惧敬畏些。

她安排邓肯在她的草坪上演出。新港最有身价的人物就在草坪上看邓肯跳舞。邓肯一直保存着这次演出的一幅相片。在这张相片上，德高望重的爱斯特夫人坐在亨利·莱尔身边，范德比尔特、贝尔蒙特和菲什等几个家族坐成几排，围绕着她。

当时聚集在爱斯特夫人周围的，都是纽坡特最高贵难见的人物，邓肯因此结交了不少社交界的名媛大亨。邓肯开始到一些贵族沙龙和别墅里演出，尽管他们给的报酬少得连盘缠和膳食费都不够，但只要有人欣赏，有人喝彩，邓肯就会卖力地跳，不停地跳。

舞有人看，可看的人不懂。他们的掌声盲目而空洞，在这些高贵人眼中，演艺家的地位是相当低下的，这些艺人们只被看为高等一些的仆人罢了。而他们欣赏艺术的耐性更是少得可怜，他们的目光里蓄满了无聊和淫邪。

邓肯受不了。她知道，纽约如此，美国是待不下去了，她对这种生活很是失望的，她极想追寻一种比现在更适合的环境。

由于这时伊丽莎白的学校较以前更发达了，于是全家一起由加列基厅搬到了温莎旅馆底层的两个大房间，每周租金90美元。

伊丽莎白的学校虽然挺热闹，但她收的都是些交不起学费的穷孩子。旅馆记账单上的数字越来越大。

冬天的晚上，邓肯和伊丽莎白坐在火炉旁，盘算着怎样弄一笔足够的钱来还账。算来算去，都无计可施。邓肯"呼"地站起来，大声喊道："唯一的出路，就是一把火将这旅馆烧光。"

伊丽莎白赶忙按下妹妹，她已吓得脸色煞白，四顾无人，才稍稍安下心来。

奇怪的是，第二天下午，旅馆真的失火了，化为一片灰烬。邓肯去沙龙表演了，伊丽莎白镇定自若，英勇地把她那些舞蹈学校里的学生抢救了出来，领着她们挨个儿手牵手逃出那座楼。

等邓肯回来时，整座旅馆，包括他们的全部家当，付之一炬，其中包括十分珍惜的家庭照片。他们在同一条街上白金汉旅馆的一个房间里暂栖一时。几天后，和初来纽约时一样，不名一文了。

邓肯把这场大火看作命运对她的一个暗示：离开纽约，离开美国，到向往已久的欧洲去，到那个有着悠久历史与辉煌文化的地方去，到那儿去寻找理解自己艺术的人们。她对母亲和姐姐说："这就是命运。我们必须去伦敦。"

伊丽莎白说："你是外交大使，你去弄船票吧！"

邓肯又一次走在59号街上了。街尾的一幢大厦里住着一位阔太太，邓肯想："她曾经盛赞过我的舞姿优美，应该会伸出援手的。"

阔太太真的痛快地给了邓肯一张支票。邓肯感动得流下了热泪，与她拥抱作别。可是，当她走到5号街时，她想起要看一下这张支票的数额，才发觉上面只填了50美元。天哪！

她只好再到5号街的另一位贵妇人处碰一回运气。在这里，她受到了奚落。贵妇人振振有词地教训邓肯，当初如果邓肯学的是芭蕾舞，她对这个请求的看法也许会两样，而且她曾听说有个芭蕾舞演员发了财呢!

邓肯恳切地说:"太太,我总有一天会扬名立万的,您也许将因为对我的赏识而美名远扬。"

"也许?我的词典里从来没有这个词。只有钱,才是实实在在的,给人舒适和幸福。"

"您有钱,您还应该去帮助别人,也是一件很幸福的事情,不信,您试试。"

这个拥有 6000 万美元财产的太太的岩石般的心,被邓肯的真诚稍稍挪动了一下。她也开给邓肯一张 50 美元的支票,并附上一句:"你挣到了钱,就要还给我。"

邓肯走出大门,愤愤地对着里面喊道:"我宁愿送给穷人,也不会还给你!"

东求西讨,凑足了 300 美元,仍然不够。这时,全家只剩下 4 个人了。奥古斯丁有一次跟一个小剧团去巡回演出,扮演罗密欧,爱上了扮演朱丽叶的一个 16 岁的姑娘。

一天,他回家来宣布了自己的婚事。

这件事被家人看作背叛行为。邓肯夫人大为恼火,跟邓肯第一次看到父亲时一样,走进另一个房间,"砰"的一声把门关上。伊丽莎白用沉默来回答,而雷蒙德简直大声怒吼。

对奥古斯丁稍稍有点同情的只有邓肯。她愿意同他一起去看望他的妻子。他把她领到小街上一座阴暗的公寓里,爬了五层楼,走进一个房间,看到了"朱丽叶"。她容貌秀丽,身体虚弱,好像有病似的。他们悄悄告诉邓肯,她已经怀孕了。

这样一来,去伦敦的计划势必要把奥古斯丁排除在外了。全家把他看作旅途中掉队的人,不配跟他们一道去追求远大前程。

但是,要是指望到达伦敦之后多少还剩点钱的话,这笔钱连买普通轮船的二等舱票也不够。

　　幸亏雷蒙德出了个好主意。他在各个码头附近兜了一圈，终于找到了一艘运牲口到赫尔的小船。船长被雷蒙德的诉说感动，答应把他们当作旅客带走，虽然这样做是违反船上规章制度的。邓肯和她的家人为了不让脸面丢尽，他们在船上都不叫各自的真实姓名。

　　眼见两三百头可怜的牲畜从美国中西部平原运到伦敦，在货舱里挣扎着，日夜相互用角抵触，用最令人哀怜的声音号叫。这种情景深深地印入他们的脑海。雷蒙德从此成了一名素食者。

　　这一年，是 19 世纪的最后一年，1899 年。

不懈地追求

我并没有创造出自己的舞蹈，它已先我而存在。但它休眠着，我只不过发现了它，并将它唤醒。

——邓肯

离开美国来到伦敦

邓肯下定决心赶往欧洲，她把第一站定在伦敦。

邓肯一直向往着伦敦，向往着在那边可能遇到的作家和画家，乔治·梅雷迪克、亨利·詹姆斯、瓦茨、斯温伯恩、伯恩·琼斯、惠斯勒等，这些名字多么富有魅力。而在纽约的全部经历中，邓肯没有发现任何人对她的理想表示认同和赞助。

1900年5月27日，邓肯全家从赫尔坐火车到达伦敦。

她长大了，面对这座历史悠久的大都会，她非常高兴和新奇。邓肯深深地吸了一口气，说："我要在此获得新生。"

初到伦敦的头几天，他们乘坐公共马车到处游逛，心里有说不出的欣喜，对周围的一切都感到新奇悦目，忘记了剩下的钱已为数不多。

他们在威斯敏斯特大教堂、大英博物馆、南肯辛顿博物馆、伦敦塔等地玩了好久，又参观了国立植物园、里奇蒙公园和汉普顿宫，然后兴奋而又疲惫地回到小旅馆。活像是有阔绰的父亲从美国汇大宗款子来的观光者。几星期后，客栈主妇怒气冲冲来索账，才把他们从游览梦中惊醒过来。

一家四口最后被客栈主妇赶了出来，他们在伦敦举目无亲，甚至晚上没有歇宿之处，只好在街上流浪，试了两三家旅馆，但店主看到他们没有行李，坚持要预付房租。他们又试了两三家供夜铺位的房屋，那些房东太太都表现出同样的冷酷无情。最后，他们只好去跟格林公园里的长凳打交道，然而来了个恶狠狠的警察，喝令他们滚蛋。

在这种处境下，邓肯还是将一天的大部分时间抛掷在大英博物馆、库柏学院等地。

雷蒙德笑着问："饿着肚子读书是啥滋味？"

邓肯回答说："你要真在读书，是感觉不到肚子饿的，读书才真是抵御饥饿的最好办法。一个失业而又不失学的人，会有大出息的。"

一次，当邓肯读温克尔曼的《雅典旅行记》时，根本忘却了自己的处境而哭了起来。她不是为自己的不幸，而是为温克尔曼从他所热衷的探险归来后不幸身亡而失声痛哭。

这种情况持续到了第四天，无论如何维持不下去了。邓肯漫无目的地到处游逛。在这片陌生的土地上，她只有这样碰碰运气了。她让母亲、雷蒙德和伊丽莎白一声不吭地跟着她走，大模大样地跨进伦敦一家最豪华的旅馆。叫醒了半睡半醒的夜班侍者，说他们刚乘夜班火车来到这儿，行李即将从利物浦运来，快给他们开几个房间，并且把早点送上楼来。

那天，他们在舒适的床上睡了一整天，还不时地给楼下的侍者打电话，厉声指责行李怎么还没运到。晚上他们就在房间里吃饭。

第二天拂晓，他们感觉这个把戏必须结束了，就像来时那样，大模大样地走出了旅馆。当然这次没叫醒那位夜班侍者。

走到街上，邓肯感到神清气爽，完全可以再次应付后面的日子了。一直走到了切尔西老教堂的墓地里。邓肯心里不禁一惊："上帝是怎么安排的？一切都还没有开始呵。不会，不会的，上帝是想试探我生存的勇气。我不怕。"

正胡思乱想着，邓肯低头看到了地上的一张破报纸。她俯身拾起，看到报纸上有一张熟悉的贵妇人的照片。她仔细一瞧，她肯定，以前在纽约时，曾在她家里跳过舞。

邓肯读到旁边的报道说：美国某夫人在格罗夫纳广场买了一幢房子，将在那里大宴宾客。

邓肯于是灵机一动："你们在这儿等着！"然后马上登门拜访这

位夫人，她不费力气就找到了格罗夫纳广场那位夫人的家。

那位夫人还认得她，见面十分友好。邓肯应允在星期五晚上的宴会上来跳几段舞，同时婉转地暗示，要能如约前来，稍许预支一笔钱是不可少的。那位夫人立即签了一张 10 英镑的支票。

邓肯拿着这张支票，径直奔回切尔西墓地。

到了那儿，她对大家说："星期五晚上我要到格罗夫纳广场一位夫人家去表演舞蹈，威尔斯亲王可能莅临。我们肯定要交好运了！"说着，她把支票拿出来给他们看。

雷蒙德说："我们得拿这笔钱去找一间工作室，预付一个月房租，再也不能忍受那些卑下的房东太太的凌辱了。"

于是他们去找工作室，并在切尔西的国王路附近租到了一小间。那天晚上他们就睡在那里，虽然没有床铺，睡在地板上，可是大家觉得又像艺术家那样地生活了。他们付了工作室的房租，又用多余下来的钱买了些罐头食品作为储备。

邓肯在商店里买了几米薄纱，她得精心为自己设计服装。虽然，邓肯受母亲的影响，从不浓妆艳抹，但穿着乞丐的衣服去王公贵族的沙龙里跳舞总是不妥当的，得给夫人一点面子吧！

星期五晚上，英国王太子威尔斯亲王果然也来了。

邓肯首先跳的是雷文的《拉吉苏斯》，母亲伴奏，伊丽莎白朗诵，雷蒙德则在演出前作了一个简短的讲演，是有关舞蹈和它在未来人类心理上可能产生的作用的。

听的人似懂非懂，却大大增添了宴会的热闹气氛。

邓肯接着又跳了雷文的《奥菲莉亚》。人们交头接耳地说："这孩子从哪儿学来这样悲哀的表情？"

晚会结束的时候，邓肯跳了门德尔松的《春之歌》。

在这次伦敦名流云集的宴会上，邓肯赤着脚，身披薄纱，翩翩起舞，给在座的客人们留下了极深的印象。

邓肯一跳走红，从此，她开始接到许多请帖，请她到那些社会名流家里跳舞。英国人有他们特别的地方，他们绝对是世界上最讲礼貌的民族，英国人都是绅士淑女，然而，她们却十分抠门。

邓肯跳一天舞，有时一分钱都得不到，甚至连饭也吃不上。那些女主人还时常眼红她："您将要在公爵夫人或伯爵夫人面前跳舞。这么多的显贵看您跳舞，您的名字在伦敦将会红得发紫！"

邓肯面对着肉山酒海的盛宴，她却要忍受着饥饿，强颜欢笑，跳着她心爱的舞蹈。

有一次，邓肯在一个慈善募捐演出会上连续跳了 4 个钟头。所得的报酬只是一位有爵位的夫人亲自给她倒茶，并且给她草莓吃，可是她好几天没有填满肚子，草莓加上奶油吃下去真是难受得要死。

就在这时，一位夫人举起一个装满金币的钱包对她说："瞧，您替我们盲女院募到了这么多的钱！"

邓肯有气无力地说："你们太残忍了。"

为了省下钱来穿得体面，装出发迹的样子，他们连应该吃的东西都舍不得吃。他们在工作室里添置了几张吊床，还租了一架钢琴，不过大部分时间都消磨在大英博物馆里。在那里，雷蒙德给所有的希腊花瓶和浮雕通通画了素描，而邓肯则琢磨着如何用舞蹈来表达。

伦敦的美丽使他们着了迷。邓肯在美国从没机会见识的各种文化美和建筑美，在这儿她可以尽情地欣赏。

7 月，邓肯收到了一封芝加哥朋友的来信，信中主要讲了米罗斯基的事。他志愿参加了对西班牙作战，随军前往佛罗里达，在那儿患风寒去世了。

邓肯这一晚通宵未眠，她与米罗斯基彻底分离了。她的心中没有悲伤，反而对自己坚强的个性充满了一种奇特的优越感。应该说，从这一晚起，邓肯也告别了自己的少女时代。

伊丽莎白本来与她从前在纽约的一些学生的母亲保持着通信，现在有一个家长寄了一张支票来，希望伊丽莎白回到美国，继续教她的孩子。

于是，伊丽莎白决定接受这份邀请，回美国办舞蹈学校去。她说："如果我挣了钱，就可以寄些给你们。不久伊莎多拉一定能够又有名又有钱，那我马上就可以回来跟你们团聚了。"

邓肯马上跑到街上，在百货店里给姐姐买了一件暖和的旅行外套，最后家人送她上了邮船。剩下的3个人回到家里，以后几天都跟掉了魂似的。

送走温柔热闹的伊丽莎白，邓肯和哥哥、母亲迎来了冷寂萧条的10月。伦敦的浓雾满载着烦闷，重重地笼罩在这心情压抑的一家三口心头。

天天喝廉价的羹汤也许已使他们患了贫血症。连大英博物馆也失去了它的魅力，有好些日子他们甚至没有勇气出门。裹着毛毯，坐在工作室里，用一块块纸板在临时凑合的棋盘上下跳棋。

伊丽莎白回到纽约后，在第5号街的柏金汉旅馆开了一所学校，一切都很顺利，不久就给邓肯他们寄了一笔钱来，这总算解了一家人的燃眉之急。

邓肯咬着牙对自己说："不能这样下去了！只有自己才能救自己。"

一个深秋之夜，邓肯对雷蒙德说："走，我们到公园跳舞去，老躺在床上，都快成植物人了。"

舞跳得很尽兴，虽然没有观众，没有掌声，但场地阔大，草木殷殷，晶莹的露珠儿像无数溜圆的眼睛，默默地品味着这场舞蹈。

当然，不只是草木和露珠，一个头戴大黑帽、非常美丽的妇人在一丛灌木后面看了许久，走出来问邓肯："姑娘，你们来自哪里呀？"

邓肯停下来，开玩笑说："我们是从天上掉下来的。"

"哦，是吗？那你们愿不愿意到一个地方去？"

"哪里？"

"我家里。"

原来，这位就是伦敦极有名的帕特利克·坎贝尔夫人。邓肯兄妹俩就这样来到了坎贝尔夫人家中，她的家就在附近，他们跟她到了那里。房间里悬挂着伯恩·琼斯、罗塞蒂、威廉·莫里斯等著名画家给她画的肖像。

坎贝尔夫人极欣赏邓肯的舞蹈，还把邓肯介绍给了温得汉夫人。

温得汉夫人也在她家里热情地接待了邓肯，并安排她某晚在宴会中跳舞。而邓肯生平第一次在炉火前品尝英国式的下午茶。如果说邓肯过去已被伦敦吸引，那此刻她已热切地爱上了它。屋子里有一种迷人的气氛：宁静、舒适、高雅和安闲。她感到如鱼得水，那美妙的藏书室也引起她极大的兴趣。

那晚，差不多全伦敦的艺术家和文人都到了。在这次宴会上，邓肯的舞蹈颇为成功，获得了许多人的赞赏。

宴会非常活跃，大家一起唱古老的英国歌曲，一起朗诵勃朗宁的诗歌，一起评论威廉·莫里斯的画。这是一个重大的转折，并非仅仅得到了一个人的赏识，而是借此为契机，邓肯结识了一大批具有卓异艺术特质的人物，他们对邓肯今后的影响是不可忽视的。

关系最密切的是年近50岁的画家查尔斯·哈莱，他的父亲是英国著名的钢琴家，哈莱那希腊式的大鼻梁、优美如五线谱的嘴唇极富魅力。他年轻时是美国著名女演员玛丽·安德森的挚友，因而

他对艺术各门类均通达、融汇，无滞无碍。

哈莱当时是伦敦现代图书陈列馆的董事之一，他常常邀请他的好友们来他主持的新美术馆发表演讲，如画家里奇蒙讲舞蹈和绘画的关系，安德鲁·兰讲舞蹈和希腊神话的关系，作曲家赫伯特谈舞蹈与音乐的关系等，这些演讲几乎全是为邓肯一个人准备的。

他把玛丽在《科里兰纳斯》里扮演维吉利亚时穿过的舞衣拿出来给邓肯看。这件舞衣，他当作神圣的纪念品珍藏着。此后，他们的友情越来越深，邓肯几乎每个下午都想方设法到他的工作室里去。

他给她谈了许多有关文艺界的事情。在他的工作室里，邓肯度过了许多非常有趣的时光。她多少懂得了一些大师们的艺术，部分原因是通过这位逗人喜欢的艺术家得来的。

哈莱还把邓肯介绍给了这些艺术界的许多朋友。

为了回报，邓肯就绕着喷泉和棕榈树跳舞，在她的舞蹈里显示绘画的精髓、音乐的灵性与文学的气韵。

伦敦的报纸对这次跳舞作了很热情的报道，使得邓肯赢得了上流社会的尊重，也成了伦敦的名人。此后差不多伦敦的每个名人都请邓肯去喝茶吃饭。

有一天下午，在罗拉尔夫人的屋子里围着许多观众观看邓肯的舞蹈，他们介绍邓肯会见了英王太子，后来又引她见了爱德华国王。连爱德华国王和威尔斯亲王都对她赞不绝口，说她是一个格芙斯柏拉的美女。

这一称赞更增加了一般伦敦社会对邓肯的狂热。她取得了曾经看来是梦幻般的成功。邓肯的运气越来越好。她在沃里克广场上租了一大间工作室。每天探索在国家美术馆看见的意大利艺术品影响下产生和新发现的灵感。

邓肯的另一位好朋友是刚满20岁的青年诗人道格拉斯·安斯利。

安斯利是斯梯华皇族某支派的后裔，刚从牛津大学毕业，热情洋溢，似乎读诗比写诗更棒。安斯利有一双吸引人的眼睛。他常常到邓肯家所在的工作室去，给邓肯朗诵诗作。

邓肯经常不由自主地随着安斯利那柔和的嗓音进入到斯温柏恩、济慈、王尔德、叶芝们的境界。每当她心醉神迷，安斯利就俯下身来，轻轻地吻着邓肯的前额，像吻一个美丽的天使。

除了跳舞，邓肯的业余时间就被这一老一少占据着，要么听诗人朗诵诗歌，要么偕画家出去散步。他们都是真正的朋友。

哈莱和尚未出嫁的妹妹一起，住在一幢古老的小房子里。哈莱小姐待邓肯也很和善，时常请她吃便饭，于是他们3个人待在一起了。邓肯初次去看亨利·欧文爵士和女演员戴姆·艾琳·泰瑞，也是和他们一起去的。

亨利·欧文是舞台世家的头面人物，19世纪末英国舞台上的主角。他生于1838年，因其戏剧表演独具一格，深受观众欢迎，使他成为英国第一位获得爵士封号的演员。

邓肯第一次看欧文爵士的演出是他演的《钟》，那伟大的艺术激起她内心的热情和敬佩，使她陶醉在它的影响下，整整几个星期不能安睡。至于戴姆·艾琳·泰瑞，她始终是邓肯一生的偶像。

邓肯在他们中间感到非常快乐，可心里却不十分惬意，因为，她的舞蹈虽然获得了诗人、画家们的狂热赞赏，但所有的剧场经理都无动于衷。

许多出名艺术家的激赏使这些戏院经理坚信：邓肯的舞蹈过于超然，过于艺术化，不适合剧院这种上演粗浅物质化艺术的地方。

这样一来，就使得邓肯的艺术无法面对大众。因此，邓肯在这一时期享有盛誉的同时，也在忍受着贫困，他们家的生活，仍然常常是入不敷出的。

邓肯决心要去寻找更加适合于她的舞蹈艺术的土壤。她想到了"欧洲之都"巴黎。

畅游巴黎艺术海洋

早在邓肯赶往巴黎之前，哥哥雷蒙德由于不甘于伦敦这种平淡的生活，告别母亲和妹妹到了巴黎。

邓肯兄妹4人的性格，都受到母亲的影响。邓肯的母亲是个极伟大的女人。在她身上集结了坚强、开朗、善良、真诚等优秀品质。她一直教育自己的孩子："要让自己的生命充满艺术的光彩。"

雷蒙德到达巴黎之后，深深地被这里浓厚的艺术气氛所陶醉，到了春天，他接二连三地拍电报，催促她们去巴黎。于是，邓肯和母亲收拾了行装，登上了横渡英吉利海峡的渡轮。

邓肯几乎和20世纪一起来到了巴黎。离开大雾迷蒙的伦敦，到达瑟堡，正是明媚春天的早晨。在她们看来，法国就像一座大花园。从瑟堡到巴黎的路上，她们一直把头探出三等车厢的窗口，向外眺望。

雷蒙德在车站上迎接她们。他留着披到耳边的长发，穿着一件翻领上衣，系着飘垂的领带。她们对他改变的装束有些看不惯，他解释说这是他所居住的"拉丁区"里的时髦服装。

他领她们到他的住所，碰到一个女店员正从他那里跑下楼来。他拿出一瓶据他说价值30生丁的红葡萄酒来款待母亲和妹妹。

刚到巴黎，邓肯什么都觉得新奇。她每天早晨5时起床，到卢森堡花园里去练舞，然后在巴黎到处逛，一走就是好几千米路，并且在卢浮宫里一泡就是好几个小时。

他们在希腊花瓶陈列室里待的时间太长，以致管理员对他们起了疑心。邓肯用手势告诉他，自己到巴黎来只是为了跳舞。管理员断定这几个"怪人"是没有危险的，也就随他们便了。

美神维纳斯没有轻盈若飞的作态，沉秀温润，形体的呈现像海边迎风曼舞的林木，婀娜多姿，美而不艳。

还有那些舞蹈，没有一点扭曲、夸张的表演，每个动作都显示出一种内在的律动，一种血脉的传承，有如生命自然的过程，热烈和繁荣，凋谢与萎落，生长与死亡，都蕴蓄在宁静平和之中。

邓肯面对着这些舞蹈，仿佛回到了儿时，好像正在旧金山唐人街看中国刺绣和古瓷上的花草一样，身心中体会到一股鲜活的力量。

他们天天到卢浮宫去，直到关门的时候才依依不舍地离开。虽然没有钱，在巴黎又没有朋友，好在他们一无所求，卢浮宫就是他们的乐园。

雷蒙德擅长铅笔画，不多几个月就把卢浮宫里的希腊花瓶都临摹完了。但后来人们把雷蒙德所画的伊莎多拉的裸体跳舞像误认为是希腊花瓶上的图案。

在巴黎圣母院和凯旋门，邓肯静下心来研究那些群像与雕塑。她从中总结出：

> 任何雕刻，无论是动态的还是静态的，无论浮雕还是圆雕，都是舞蹈某一瞬间的凝固，都展现了舞蹈的一个截面。

有一天，邓肯在歌剧院，听到一群人指着维纳斯雕像议论纷纷："她怎么会没有胳膊呢？这是一个美丽的怪物。"

邓肯愤然回头，呵斥道："这也不懂！这不是人体，这是艺术，不过是一种象征，对于人生理想的一种设想。"

一天早晨，查尔斯·哈莱突然来到巴黎，他与邓肯一起在凡尔赛花园或圣日耳曼森林里漫步，一起到埃菲尔铁塔边的餐馆进餐，一起观赏日本舞蹈家贞八重子的表演。

邓肯由此结识了哈莱的侄儿罗夫拉，他是一个 25 岁的年轻人，一副玩世不恭的态度，但他学识渊博，对美术、音乐、建筑无不通晓。他遵守叔叔临走时的嘱托，把邓肯照顾得很周到，像一位无微不至的大哥哥。

罗夫拉给邓肯讲述法国艺术，向她介绍哥特式建筑，并教她如何欣赏路易十三、十四、十五、十六等时代的艺术。

在邓肯的工作室里，母亲重振旗鼓，像孩子们童年时代一样，接连几小时地演奏肖邦、舒曼和贝多芬的乐曲。工作室不带卧室，也没有浴室。他们也没有床，晚上把床垫放在竹木箱上，在上面睡觉。

有一天，罗夫拉带了两位挚友到邓肯的住处来，把他们介绍给邓肯："这两位是雅克·布尼和安德烈·博尼亚。"

几个年轻人很快就成了无话不谈的好朋友。邓肯为他们跳了几段舞，很得他们的赞赏。那次之后，布尼便让他的母亲邀请邓肯去他们家跳舞，以款待朋友。

布尼的父亲是著名的雕塑家，母亲德·圣马塞夫人的沙龙是全巴黎最艺术、最时髦的沙龙之一，在巴黎很有号召力。

首演的夜晚来到了。整个过程中，观众的亲切热情使邓肯受宠若惊。往往不等一场舞跳完，他们就喊了起来："妙，妙！她跳得多妙！了不起的孩子！"

第一支舞刚跳完，一个目光锐利、身材高大的男人便站起来把她抱住。

他问道："小姑娘，你叫什么名字？"

"伊莎多拉。"

"小名呢？"

"小时候他们叫我多丽塔。"

"喔，多丽塔，你真可爱！"他嚷着，吻了邓肯的双眼、双颊和嘴唇。接着，圣马塞夫人拉着她的手说："刚才那位就是大名鼎鼎的萨杜。"

萨杜是法国一位享有世界声誉的剧作家，1877 年被选为法兰西学院院士。

实际上，在座的都是巴黎数一数二的人物。在这里，邓肯结识了许多著名人士，如作曲家梅萨杰、剧作家萨杜等。而他们也欣赏到了邓肯别开生面、令人心旷神怡的舞蹈，一些敏感的人士已经察觉到了舞蹈艺术革命的火花。

邓肯发现自己竟然对她 3 个朋友中的一个产生了奇妙的感情。这个小伙子既不是体贴解人的罗夫拉，也不是一表人才的布尼，而是外表平平、个子矮小、苍白的面庞上还戴着一副眼镜的诗人博尼亚。

博尼亚的眼睛在厚厚的镜片后面眯成了一条缝，但他极富智慧与才华。他教邓肯了解了法兰西最优秀的文学作品，他也常常静坐聆听邓肯对他演说关于跳舞的见解。

通常他给邓肯朗读两三个钟头，接着他们就坐在塞纳河上的公共马车的上层到城岛去，凝视着月光下肃穆凝重的巴黎圣母院。

圣母院是法国最古老的哥特式教堂，是宗教文化与世俗文化合而为一的奇特产物。它那环形的圣堂和小礼拜堂，挺拔的扶壁和细长纤弱的飞券，既傲世独立，又透出一种空灵超脱之气。

博尼亚向邓肯讲述这个建筑物正面的所有雕像，令邓肯吃惊的是，他能细致到每一块石头的来历。

博尼亚总是两眼直瞪瞪地望着邓肯，几十分钟一动也不动，不说一句话，却从来没有主动去挽过邓肯的手臂；他在邓肯的额头上久久地亲吻，可他从不吻邓肯的嘴唇。他这种奇特的举动，令邓肯怎么也捉摸不透。

有一次，他们坐在墨登树林中一块空地上，那里有 4 条道路交叉。他管右边那条道叫作"成功"，左边那条道叫作"安宁"，笔直向前的那条叫作"不朽"。

邓肯问："那么我们坐着的这条道呢？"

博尼亚低声回答："爱情。"

邓肯当然听见了。她兴奋地叫道："好，我宁愿留在这儿。"

博尼亚却说："我们不能留在这儿。"说完便站起身来，沿着笔直向前的那条道飞奔而去。

邓肯非常失望，又觉得迷惑不解，急急忙忙跟在他后边喊道："可这是为什么？为什么？你为什么要离开我？"

然而，在回家的路上，他再也没说什么，把邓肯送到工作室门口，突然扔下她就走了。

邓肯感到非常困惑和懊恼：我们的爱情就一定会向后退吗？一定会毁灭他"不朽"的事业吗？我不也有事业吗？爱情难道不是"不朽"的吗？邓肯的心绞缠一团，伤心的泪水滚滚而下。

恋爱的挫折使邓肯的心理产生了偏差。她不由自主地开始和布尼调情，想引燃博尼亚的妒火，可这位呆子诗人却把所有的热情都转化为文字了，他正忙日忙夜地赶写两部新作，后来它们都成为法国文学史上的名篇。

探索舞蹈改革之路

邓肯在关闭了爱情之门后，也把自己关进了工作室里，她日日夜夜在潜心探索一种崭新的舞蹈，它能够通过身体动作给予人的精神以神圣的表现：

　　传统的舞蹈理论将一切舞蹈动作的中心界定在人体后背的中心脊椎的下端，胳膊、腿和躯干的活动都必须受制于这个弹性中心。

　　这种方法从纯生理角度出发，而没有关注到人的心理因素。它产生的动作是僵硬的、机械的，像医生教导病人做恢复训练一样。

邓肯常常一站就是几个小时，纹丝不动，双手交叉放在胸前，遮住太阳神经丛。她要通过身体劳累的极限体验，寻找到原始动力的爆发点。就这样老僧入定般一连好几个月，邓肯渐渐进入了一种纯粹梦幻的境界，她可以将任何情感和思想随意地表现出来。只要一站在舞蹈的边缘，精神的泉流就通过人体的各个渠道，涌遍全身。

这种舞蹈，绝不仅仅是身体四肢的反应，也不仅仅是依靠大脑的指挥，而是心灵的招引，一个内在的自我悠悠觉醒，手之舞之，足之蹈之，展示的是原生态的生命真相，是世界的模样，植物的发芽声，蓓蕾的初绽声，森林里的万籁交响，稻田里的蛙鸣，指间流泻的音乐，颤动着无与伦比的光芒。由此，舞蹈艺术走进了人的内在与本真，成为人的基本素质之一。

母亲见邓肯呆若木鸡、精神恍惚地持续那么久，经常惊慌失措。不过邓肯还是在思索着。在她进行的研究中，最初试图表达肖邦的序曲，也曾学习格鲁克的音乐。母亲总是孜孜不倦地为女儿一遍又一遍地弹奏《奥菲乌斯》，直到窗户上曙光闪耀。

窗户很高，而且没有窗帘，因此母亲一抬头总是能看到天空、月亮、星星。有时大雨倾盆，雨水的细流就淌到地板上，因为工作室顶棚的窗户很少是能防雨的。

到了冬天，工作室里朔风凛冽，冷得可怕，而夏天则热得像蒸笼一样。他们只有这么一个房间，大家是不方便的。不过年轻人能屈能伸，对这些满不在乎。母亲又是个刻苦耐劳、自我牺牲的模范，一心只想给孩子们的工作助一臂之力。

除了卢浮宫和国立图书馆，她又发现了第三个快乐的源泉：歌剧院的图书馆。那里的管理员对她的研究工作非常关心，不管什么样的书籍，只要是关于舞蹈的、关于希腊音乐和戏剧艺术的，都搬出来让她随意选用。

邓肯便聚精会神地阅读上自古埃及，下至当代的一切有关舞蹈艺术的书籍，随读随记，专门抄录在笔记本上。但是，在她完成了这个工程浩大的实验之后，她才知道能够求教的大师只有三人：让·雅克·卢梭、沃尔特·惠特曼和尼采。

邓肯的探索引起了一些具有很高艺术鉴赏力的贵族的注意。某天下午，天将黄昏的时候，一个女子敲响了邓肯住所的门。

她自我介绍道："我是波拉利王妃，是格雷夫尔伯爵夫人的朋友，我看了你的舞蹈。你的艺术使我，特别是使我的作曲家丈夫发生了兴趣。"

波拉利王子本人就是一位优秀的音乐家，他不仅痴迷于邓肯的舞蹈，而且对邓肯把舞蹈作为一种艺术而复兴的理想也十分赞赏。他让夫人邀请邓肯到他们家的客厅举行一场舞会。

　　而王妃会作画，同时又是个出色的音乐家，会弹钢琴和管风琴。

　　这位王妃似乎从这个空荡冰凉的工作室察觉到邓肯一家的贫困，看出了他们面有饥色。当她告辞离去的时候，羞怯地把一个信封放在桌子上，那里面装着2000法郎。

　　波拉利王子不愧是一位才华横溢的音乐家，他身段单瘦，总是戴着一顶小黑绒帽，下面是一副小巧漂亮的面孔。他弹着自己心爱的古琴，为邓肯的跳舞伴奏。

　　邓肯穿上舞服，在他的音乐室里为他跳舞。他看得出了神，赞美她正是他多年来梦寐以求的幻象。邓肯那关于动作和音乐之间关系的理论引起他的浓厚兴趣，她对舞蹈作为一种艺术而复兴的种种期望和理想也深深地吸引了他。

　　王子那纤巧的手指弹在琴上，宛如恋爱着它、抚摩着它。他的赞赏像一股暖流涌上邓肯的心头。

　　最后，王子叫了起来："多可爱的小姑娘，伊莎多拉，你真可爱！"

　　邓肯也用法语羞涩地答道："真的，我也很喜欢您。我愿意总是为您跳舞，在您那动人的乐曲启发下创作舞蹈。"

　　在波拉利王妃工作室里举行的晚会极为成功。而且，由于她慷慨地把工作室对外开放，观众不仅限于她的好友，这样一来，邓肯的舞蹈引起了更为广泛的兴趣。

　　从此，邓肯一家也在自己的工作室里接连举行收费的晚会，每次接纳二三十个观众。波拉利王子每次都到场。有一次，他眉飞色舞地摘下他的小帽在空中挥舞，并且喊道："伊莎多拉万岁！"

　　这句口号第二天就出现在巴黎各大报纸的版面。关于邓肯舞蹈的各种评论也纷纷出笼。

　　最为人称道的是大画家欧仁·卡里埃尔的一段妙论：

　　伊莎多拉的舞蹈不再像过去的宫廷舞蹈和芭蕾舞，只是

填补空闲、激发余兴的节目罢了，而是更有生命力的艺术。它无比丰富，激励我们努力实现自己的理想。

王子夫妇与其他王室贵族不同，他们不仅极为欣赏邓肯关于跳舞的见解，而且也极同情邓肯的经济状况，并在这方面给了邓肯许多支持。

波拉利王子与邓肯商量着以后有机会可以长期合作。但是不幸的是，这位天才的音乐家不久英年早逝。

邓肯悲痛万分，波拉利王子夫妇在她的心中留下了不可磨灭的记忆，他们是邓肯在巴黎贵族群中的艺术知音。

由于波拉利王子的推介，巴黎有名望的人中赏识邓肯的逐渐增多，但是她的经济情况依然很不稳定。她常常不得不在冬天，忍着饥饿与寒冷守着自己的艺术室，静静地恭候着灵感火花的迸发。

每当灵感来临，邓肯就会精神振奋，她的身体就会随着心灵动作起来，宣泄着人世中的苦难与幸福。

有一天，邓肯正在冥想默念之中，一位绅士走到她家，他穿着一件贵重的皮领大衣，戴着一枚钻戒。

他对邓肯说："我从柏林来。我是一个戏院经理，听说你在搞一种赤脚表演，我很感兴趣，特意前来拜访。我拥有柏林最大的游艺场，那里云集着许多伟大的艺术家，他们都挣了大钱呢！有没有兴趣跟我签个合同？"

这位经理傲慢地发出邀请，双手抱拢，面带微笑，自以为这个处境贫寒的姑娘肯定会把这种邀请当作天上掉下来的幸运。

邓肯听到这位经理如此粗俗地形容她的舞蹈，不由心生不悦："谢谢。我不是您所说的那种'伟大艺术家'，我不同意把我的艺术送进游艺场。"

这位经理惊奇地说："你难道不知道吗？我会打出广告，说您是

'世界上第一个赤脚舞蹈家'。我现在即刻许诺你每晚 500 马克，这可是别人都得不到的。而且以后还有的加。你当然不会拒绝吧！"

邓肯简直愤怒了，她坚决地说："不肯，坚决不肯。无论你提出什么优越条件我也不肯。"

"你真是个傻姑娘。这怎么可能呢？不可能的、不可能、不可能。我不能接受否定的答复。我已经把合同带来了。"

邓肯仍然不肯答应："不行。我的艺术不是为游艺场的，而你是个肠肥脑满的资产者。你们的聪明之处就在于把钱当成宗教崇拜，而不是艺术。上帝啊，你的思想真令人害怕！无论如何我也不会去，不送了！"

这位德国戏院经理先生看着邓肯家里寒酸的样子，看着她穿着破旧，根本不相信她的拒绝是出于真心。第二天他又去了，再过一天他又去了，答应每晚付她 1000 马克，先订一个月合同。

邓肯认为他简直不可理喻，她大吼道："我到欧洲来跳舞，是想鼓动一种伟大宗教的复兴，借动作来表现，以发扬身体的唯美与圣洁，而不是为着那些吃饱了没事干的资产阶级的娱乐而来的。你不要再来打扰我了，再见吧！"

"每晚 2000 马克，你还会拒绝吗？"

"当然！就是 1 万、10 万，我还是会拒绝你。我所追求的目标你不会理解。将来我总有一天会去柏林，也可能配着你们的爱乐交响乐队跳舞，但那是为歌德和瓦格纳的同胞们跳舞，必须在一个配得上这两位伟人的剧场里。请记住，他们才是最伟大的。而我所得的报酬，恐怕还不止 3000 马克。"

那位经理遗憾不解地走了。

后来，邓肯的预言终于实现了。3 年之后，在歌剧院里，她在柏林交响乐队的伴奏下演出。当剧院售出了 25000 多马克的戏票的时候，这位经理先生捧着鲜花到邓肯的包厢里来表示祝贺。

他友好地承认了自己的过错，对她说："小姐，你的话没说错。"

只要有时间，邓肯就游荡在巴黎的街头，考察那些各个时代的别具风格的建筑物。

自从在 1900 年展览会上观赏了罗丹的作品之后，他的艺术天才总是萦绕在邓肯的心头。有一天，当邓肯信步来到大学路时，她猛然想起，罗丹的工作室就在这条街上。

邓肯向前走了 10 多分钟，看见一块小小的牌子，应该是了。

邓肯刚见到罗丹的时候，发现他个子矮小，健壮有力，留着精美的短发长须。他的作品，简洁中蕴含着伟大的精神。

他时而轻声念叨着自己的雕塑的名字，但是我们可以感觉到，这些名字对他来说并没什么意义。他常常抚摸着那些大理石雕塑，这些大理石在他手下大概像熔化的铅一样在流动吧！

最后，当他拿着一小块黏土在手掌中揉捏的时候，他的呼吸急促起来，一股热流在他的胸中激荡，好像熊熊燃烧的火焰。一会儿工夫，他就做出了一个女人的胸部雕像，那雕像在他手中好像在不停地扭动。

邓肯调皮地说："舞蹈家伊莎多拉·邓肯参拜罗丹大师。"

老人转过身来，行动有些迟缓了，但双目依然光芒迸射，须发蓬乱，粗硬，分明能瞧见历经坎坷的苍凉和威武。

罗丹还没有回过神来："舞蹈？舞蹈跟雕塑有什么关系？"

"舞蹈就是运动中的雕塑。您在构思雕塑与人们在欣赏雕塑的过程，难道不是舞蹈的过程吗？那种跳跃生发于一连串意象中蓦然攫取一个瞬间的灵感。"

罗丹猛然定睛看着邓肯："哦，我倒很想看看你的舞蹈啦！"

邓肯诚恳地说："您这地方小，去我那儿吧！我扶您。"

邓肯扶着罗丹的手，雇了一辆车来到她的家里。她很快换上舞衣，根据博尼亚为她翻译的古希腊诗人忒奥克里斯托的一首牧歌，为他表演舞蹈。她有意识地将在罗丹工作室看到的各种雕像的姿势融入舞蹈之中。

两年以后，邓肯从柏林回到巴黎时才又见到了罗丹。以后的许多年中，他一直都是邓肯的良师益友。

邓肯同另一位大画家欧仁·卡里埃尔的会晤就大不一样，但也充满乐趣。她是由作家凯彻尔的夫人带到他工作室去的。凯彻尔夫人同情邓肯一家的孤寂生活，时常请他们到她家里吃饭。

有一次，邓肯注意到墙上挂着的一幅奇异、迷人而忧伤的画像，凯彻尔夫人告诉她说："这是卡里埃尔给我画的肖像。"

一天，凯彻尔夫人带邓肯到卡里埃尔家里去。她们登上最高一层的工作室。在那里，卡里埃尔被他的书籍、家人和朋友们团团围住。他拥有一股极其强大的精神力量，同时周身流淌着对于一切的深情厚爱。他的画作的一切优美、力量和奇特，正是他那崇高心灵的直接表现。

卡里埃尔的作品线条简洁，善于处理光色变化，往往在忧伤的氛围中渗透出光明和希望，蕴含着基督般的智慧和博爱。

当邓肯来到他面前的时候，感到自己仿佛见到了基督，满怀着敬畏。

邓肯很快成了卡里埃尔工作室的常客，他们很快就推心置腹地待她，把她看作他们的挚友。

这是邓肯青年时代最美好的记忆之一。从那时起，每当她怀疑自己的时候，只要想起跟他们在一起的情景，就恢复了自信心。

柏林之行刻骨铭心

有一天，当时欧洲著名的舞蹈家、美国现代舞的另一位奠基人洛伊·佛勒找到了邓肯的工作室。

见面之初，邓肯就把自己关于跳舞的理论讲给佛勒听，并给佛勒跳了几段舞。佛勒是开创舞台艺术光色变化的先驱，她很欣赏这位美国姑娘的才华，她对邓肯说："我现在正经营着日本舞蹈家贞八重子的演出，准备去柏林。我邀请你与我们一同前往。"

邓肯一直很钦佩贞八重子的艺术，她欣然接受了佛勒的提议。

临走那天，博尼亚来为邓肯送行。他们最后一次去城岛，瞻仰巴黎圣母院，那是他们最熟悉的地方。

到了柏林，邓肯到布利斯托尔旅馆，在一套豪华的房间里找到了佛勒。

佛勒按了一下电铃，给邓肯叫来一份非常丰盛的晚餐。晚上，佛勒要在冬季公园跳舞。

佛勒当时正忍受着脊椎剧痛的煎熬。侍女不时送来冰袋，放在椅子上，垫着她的背脊。佛勒说："再来一个就行了，亲爱的。好像就不痛了。"

邓肯注视着她，真不知道她怎样才能赴约去跳舞。

那天晚上，邓肯坐在包厢里看佛勒跳舞时，看到佛勒光彩夺目的形象，她简直无法把她与几分钟以前那个忍受着剧痛的病人联系起来。她变成了绚丽多彩的兰花，变成了袅娜飘逸的海葵，最后又变成了螺旋形的百合花，真是五光十色，变化无穷，犹如魔术一般。多么非凡的天才啊！邓肯沉醉了。

演出结束后，邓肯神思恍惚地回到旅馆，这位奇异的艺术家使她魂不守舍。

第二天早晨，就像初到巴黎时一样，邓肯初次出去观赏柏林市容。作为一个对希腊和希腊艺术向往已久的人，柏林的建筑物顷刻给了她深刻的印象。她细心地观赏了柏林的建筑，体会着这些建筑与希腊建筑的共同之点与不同之处。

在柏林逗留了几天之后，邓肯又随着佛勒的剧团到了莱比锡，然后又到了慕尼黑。

邓肯对在德国的日子感觉非常开心，她白天到外面去周游观赏，晚上就到剧场去看佛勒的演出。当佛勒在德国的旅行表演结束之后，艺术团又希望能去维也纳，可是贞八重子的演出也许是曲高和寡，佛勒遭到了惨败，缺少足够的钱，而且这次看来已完全不可能借到任何一笔款子。

邓肯自告奋勇到美国领事馆去请求援助。她要求他们无论如何给艺术团弄到去维也纳的车票。

经过邓肯的一番努力，艺术团终于凑到了足够去维也纳的钱。邓肯又跟着一起来到了音乐之都维也纳。

在维也纳，邓肯邂逅了匈牙利的一位戏院经理亚历山大·格拉斯。格拉斯看了邓肯的舞蹈之后，极为欣赏，他对邓肯说："假如你想追求光明的前途，那可以随时到布达佩斯来找我。"

到了这个时候，虽然邓肯很崇拜佛勒的艺术，但开始问自己，为什么要把母亲独自一人留在巴黎，而自己在这个由美丽而癫狂的女人组成的剧团里。到目前为止，她只是旅途中一切戏剧性事件的一个爱莫能助的旁观者。于是，她决定打电报把母亲从巴黎叫来。

母亲果然来了。邓肯把对目前处境的一切想法都告诉了她，最后俩人决定离开维也纳，这时，她想起了格拉斯的建议转往布达佩斯，并顺利地找到了格拉斯。

于是，邓肯有了第一次在剧场为观众献舞的机会。格拉斯向邓肯提出："我希望你能在我的乌兰尼戏院里表演独舞，我们的合同一签就是 30 个晚上。"

邓肯还有些担忧："我跳舞是为有鉴赏能力的人，以前只跳舞给艺术家、雕塑家、画家、音乐家等名流看，不知道普通观众会不会欢迎？"

格拉斯不同意邓肯的观点，他鼓励说："艺术家是眼光最高、最挑剔的观众，过了他们那一关，普通观众一定会更加百倍地喜欢的。"

邓肯听信了，签了合同。

果然，邓肯第一晚的演出，就获得了巨大成功，此后的 30 个晚上，场场爆满。美丽的布达佩斯城，一片姹紫嫣红。在河边、在山上、在紫丁香怒放在每座花园里。每天晚上，如痴如狂的匈牙利观众发出暴风雨似的喝彩，把他们的帽子扔到舞台上。

邓肯以她极具魅力的独舞征服了布达佩斯的观众。

有一天，格拉斯带她去市面上的一些小餐馆进餐。在那里，可以听到吉卜赛人美妙的演奏。踢踏的快板，含有飞扬尘土的乐曲，让人联想到马车团队和林荫大道的天籁。

邓肯激动地说："一个匈牙利的吉卜赛音乐家抵得上世界上所有的留声机。"

邓肯尝试着把吉卜赛管弦乐队搬上舞台，为她伴奏。这种长期以来为贵族们嗤之以鼻的下里巴人的音乐一登上大雅之堂，即以其无拘无束的形体语言和奔放嘹亮的音乐表现风靡全城。邓肯也常常陷入那种充满渴望与动荡不安的旋律里不能自拔，她就是从那时起开始穿上红色舞衣。因为，红色象征着火一般的热情和不屈的意志。

1902 年 4 月的一天早晨，邓肯看见多瑙河河水在阳光照耀下闪烁荡漾，使她获得深刻的印象。当晚，她传话给乐队指挥，让他在演出结束时，临时加演施特劳斯的《蓝色多瑙河》。此时的邓肯首次品尝到成功的喜悦，也像这季节一样春风得意。

当天晚上，乐队奏起施特劳斯的《蓝色多瑙河》，邓肯欢快地伴着这支曲子翩翩起舞。顿时，全场的观众就像触电一样，走火入魔一般狂喊着，跟着邓肯跳起来。

邓肯跳罢一曲，观众不依，要求她再跳几次。邓肯兴奋地又跳了几遍。观众们就跟着一起舞动。

他们说："她用她那优美的形体语言对这首人类热爱的曲子进行了最好的演绎。"

就在这天晚上，在欢呼的观众当中，有一位仪表堂堂的匈牙利青年男子闯进了邓肯的生活。在此后的一段时间，他使邓肯由一个安静的姑娘变为一个热情如火的姑娘。

他是这个国家很出色的演员，名叫贝列吉，以扮演莎士比亚戏剧中的"罗密欧"而当红，后来成为匈牙利最伟大的演员。大家一直称呼他为"罗密欧"。

邓肯也就随之称他为"罗密欧"，"罗密欧"则叫邓肯"朱丽叶"或者"我的花儿"。

"罗密欧"燃起了邓肯心中狂热的爱情之火。

整个布达佩斯为邓肯的舞蹈而疯狂，邓肯为高大挺拔的"罗密欧"而疯狂，还有他台词式的甜言蜜语："呵，可爱的花儿似的姑娘，你让我懂得了真正的爱情，这才是罗密欧的感情体验。你是我心中的太阳，我的朱丽叶。"

他给了伊莎多拉一小方纸片，上面写着："国立皇家剧场的包厢。"那天晚上，邓肯和母亲一起去看他扮演罗密欧。他刻画罗密欧那青春爱情的火焰，最终征服了邓肯的心。

邓肯完全被"罗密欧"那种吉卜赛式的激情融化了。而"罗密欧"看上去不过是加演了一场话剧，"罗密欧"引导邓肯向爱情的另一个领域探索，这也是邓肯最投入最热切的一次爱情。

"罗密欧"带着邓肯到乡下的农家住了几天，他有一副好嗓子，他教给了邓肯许多匈牙利和吉卜赛歌曲，并把歌词的意义和发音教给她。这丰富了她舞蹈的内容。

而邓肯在热情、渴望、钦慕之下，向"罗密欧"献出了她的真爱。

母亲一发现邓肯的心理动向，就对女儿发出了警告：那是一个轻率的男人，只有漂亮而已。

刚从纽约来的伊丽莎白更甚："你简直是在犯罪，抛弃舞蹈的事业去追逐虚幻的爱情肥皂泡。"

邓肯可顾不得这么多了，爱情的强大火力已经冲昏了她的理智。

格拉斯也意识到了事情不妙，他赶忙给邓肯安排了一次在匈牙利各处的巡回演出，强行把邓肯从沉迷中拉回到舞台上来。

在这次旅行过程中，在所有那些匈牙利小城市里，邓肯到处受到观众极其热烈的欢迎。在每一个城市里，邓肯浑身上下穿着白色的衣服，在一片欢呼声中，像从另一个世界来观光的年轻女神那样穿城而过。

但是，不管群众怎样起劲地逢迎，不管她的艺术怎样使自己欣喜若狂，邓肯依然迫不及待地渴望与"罗密欧"欢聚。此时此刻，她愿以自己的一切成功，甚至以她的艺术，来换取再度陶醉在他怀抱里的一时片刻。她渴盼着早日回到布达佩斯，与"罗密欧"相会。

这一天，邓肯终于回到了布达佩斯，她四处张望，一看到前来接她的"罗密欧"，像天鹅一样地飞进了他的怀抱。

在她扑上去的顷刻，她就感到了一股彻骨的凉意，再看，"罗密欧"俊俏的脸庞上没有任何爱情的痕迹。

邓肯挣脱了出来，她问他："你好像变化了许多？"

"是的，我不再是原来的'罗密欧'了。我正在排练马克·安东尼这个角色，一个罗马平民。"

"你一直就是在演戏？"

"人生不是一场戏吗，你以为是别的什么？我一直专心于我的艺术，你并不是我生活的中心。"

邓肯想抽他一记耳光。但她没有，她不愿意伸手打一副面具，或者说，去敲一面丧钟。

这时，"罗密欧"与一位天主教修女的私情正成为布达佩斯市民的新闻热点。这次感情经历及最终分手，给邓肯的心灵以巨大的打击，她接连几周都沉浸于痛苦悲伤之中不能自拔，整日以泪洗面。终于，她的身体支撑不住了。

格拉斯连夜带邓肯去维也纳，她病倒了。把她送进了一家医院。接连几个星期，邓肯完全处于虚脱和极度痛苦之中。

过了很长一段时间，邓肯才恢复健康。格拉斯带她到弗朗曾斯巴德去疗养。她心情忧郁，无精打采，不论是美丽的乡村或者和蔼的友人，都无法引起她的兴趣。

随后，格拉斯一行又马不停蹄地赶到德国。他没有安排邓肯的演出，而是让她散心，走走，看看，拜会一些王公贵族和艺术家。

格拉斯夫人来了，她彻夜不眠，亲切友好地照料邓肯。在医生和护士的昂贵费用耗尽了邓肯的银行存款之后，格拉斯为她安排了在弗朗曾斯巴德、马里安温泉和卡尔斯巴德演出。

邓肯打开衣箱，拿出舞衣，一边热泪潸潸地吻着她的红色舞衣，一边发誓决不再背弃艺术去追求爱情。

此时，她的名字在这个国家简直有了魔力。一天，当她与她的经理和他夫人一起进餐的时候，餐厅玻璃窗外的人群拥挤不堪，竟把窗上的大玻璃挤破了，搞得旅馆经理无可奈何。

邓肯把烦恼、痛苦和爱情的幻灭都转化为她的艺术。最后，格拉斯为她安排了在慕尼黑的演出。在那里，她跟母亲和伊丽莎白重新团聚。她们为她的勇敢感到很高兴，尽管发现她变了，而且很忧伤。

在到慕尼黑以前，邓肯和姐姐到阿巴沙去，驱车在街上到处寻觅供膳宿的旅馆。旅馆没有找到，她们自己却引起这个宁静的小城相当大的注意。她们被路过的斐迪南大公看到了。他很感兴趣，向她们打招呼，邀她们到斯蒂芬尼旅馆花园中他的别墅里去住。

于是，贵妇人争先恐后地去拜访她们。但那些贵妇人根本不是如邓肯天真想象的那样，是对她的艺术发生兴趣，而是想要弄清她在大公别墅里的真实地位。

闲来无事，邓肯以匪夷所思的搭配创制各种舞服，最流行的是她用中国纱罗制成的淡蓝色舞服，大开胸，肩上只有一根吊带，裙子齐膝，裸腿赤足。

邓肯在服装设计领域里也同样掀起了一场革命，因为当时妇女们穿的游泳服还是一身头脚不露的黑衣。一向着意回避女性的斐迪南大公都情不自禁地击掌称赞："瞧，邓肯多么漂亮！真是好看极了！就是春天也没有这样美！"

邓肯居住在阿巴沙别墅。她每天学习德文，通读叔本华、康德的原著，听瓦格纳的音乐。叔本华、康德音乐般舒畅的语言叙述，瓦格纳哲学般高屋建瓴的音乐流程，频频冲开邓肯的茅塞，使她对艺术的使命感愈益强烈。

经过长久的时间，邓肯这个纯情的舞蹈天才终于复原回来，而这次刻骨铭心的感情之波，使得邓肯在一段时间之内把关于爱情的痛苦与幻想全部变成了对艺术的追求。她耐不住寂寞了。她要出山。

那时慕尼黑的整个生活都集中于"艺术家之家"。一群著名的大师，诸如画家卡尔巴赫、伦巴赫、版画家斯塔克等人，每天晚上都在此聚会，喝着上好的慕尼黑啤酒，谈论哲学和艺术。

格拉斯想安排邓肯首次在那儿演出，伦巴赫和卡尔巴赫也这么想。但是斯塔克坚持认为舞蹈对于像"艺术家之家"这样一个艺术殿堂来说，颇不合适。

于是，一天上午，邓肯到斯塔克家去拜访，想说服他相信她的艺术的价值。她在他的工作室里脱下衣服，换上舞衣跳舞给他看，接着给他讲她的神圣使命，讲舞蹈作为一种艺术的可能性，一连讲了4个小时。

后来斯塔克常对朋友们说，他一生中从来没有这样惊讶过，好像林中仙女突然从奥林匹亚山上下来，从另一个世界来到他的眼前。

邓肯在"艺术家之家"的首次演出，成为这个城市多年以来的艺坛盛事。接下来，格拉斯说，那就去凯姆学院吧，学生的领会力是不可估量的。

然而，他们还是没有料到会出现那种异常火爆的场面。邓肯的马车被散场的学生团团包围，他们把马解下来，一伙人拉着车游街，另一伙人擎着火炬在后面欢跃。

到了一家咖啡馆，邓肯被抬了起来，被抛了起来，在学生群舞的顶峰跌宕起伏。

他们不断地高唱："伊莎多拉，伊莎多拉。你让我们感到，人生多么美好。伊莎多拉，伊莎多拉。"

邓肯回到别墅，年轻的学子们一连数小时聚集在伊莎多拉住的旅馆窗户下面唱歌。她把花朵和手帕扔给他们，人们便抢着，每人分一点掖在帽子里。

这个晚上让所有的慕尼黑市民瞠目结舌，他们真的认为邓肯是"天上来的"，在那儿一个劲地喊"上帝"。这天晚上的事情第二天在报上发表的时候，全城的规矩人为之骇然。

慕尼黑是欧洲艺术和学术的中心之一。大街上尽是大学生，经常可以看到姑娘们的腋下夹着书或乐谱。商店的橱窗里陈列着稀有的古书古画和最新出版的各种图书。

邓肯在"艺术家之家"的一次盛会上，觉得坐在对面的一位男子十分面熟，又想不起在哪儿见过。她凭直觉走过去，断然肯定他与理查德·瓦格纳有着密切的关系，因为邓肯曾经在乐谱中看到过这位音乐大师的照片：额头前凸，鼻梁高挺，嘴巴却柔到了极点，与面部的刚硬之气格格不入，却又显得异常风趣。

原来，那个男子就是大师的儿子西格弗里德·瓦格纳。

邓肯了解之后，兴奋地对他说："能够见到你，我太高兴了。你父亲是我心中的偶像。"

西格弗里德赞叹地说："谢谢。能和你说话，我同样高兴。我看过你十几场演出了，你的舞蹈是一座丰碑。"

邓肯谦逊道："不，我仅仅是一名让人欣赏的舞蹈家，而你父亲还是一位给人启迪的哲人。"

西格弗里德直言："你有很好的潜质，你天生就是舞蹈的精灵。在音乐的陶冶上，除了我父亲，你还必须认识一个人，他对你更加重要。"

邓肯急切地问："谁?"

西格弗里德表情神圣地说："贝多芬。父亲生前说，贝多芬是音乐史上的太阳。"

西格弗里德接着说："你的舞蹈，使人不由自主地想到出涧的溪流、月光下迎风摇摆的棕榈、清晨草地上晶亮的露珠，生动、活泼，引人向上。然而，它们还不具备阳光普照的器量，海的包容以及风雨后的明净清新，缺乏使人从困厄中振奋的精神力量。你得听贝多芬，你得去希腊。在德国，你顶多是个当红明星，这是远远不够的!"

过意大利赶到希腊

邓肯听从西格弗里德的建议，计划前往希腊。不过在此之前，由于她与母亲在慕尼黑的各个博物院中欣赏了许多意大利的伟大艺术作品，而且意大利离德国不远，于是邓肯与母亲、姐姐商量，先去意大利游历一番。

旅途中，3个女人乘车经过提罗尔山地，来到阿尔卑斯山南面的安布立亚平原。邓肯觉得眼前一片开阔，沿途的景物让她兴奋不已。

她们在佛罗伦萨下了火车，然后用了几个星期的时间愉快地到处游览，看遍了美术馆、公园和橄榄园。

在那段时间里，是波提切利吸引了邓肯这颗年轻的心。一连几天，她在意大利画家波提切利的名画《春》前一坐就是几个小时。

鲜花盛开的大地柔和起伏，山林女神们围成一个圆圈，风之神的凌空飞舞，这一切都环绕着中心人物——她一半是阿芙洛狄特，一半是圣母玛利亚。春天孕育万物。

邓肯被这幅画完全迷住了。一次，善良的老管理员给她拿来一张凳子，并好奇而又饶有兴趣地观察邓肯看画时的表情。

邓肯一直在那里坐着，恍然之间，她看到鲜花成长，画中赤露的腿跳起舞，

身体扭动起来，而欢乐的使者来到她面前。

于是她想："我一定要把这幅画编成舞蹈，把爱的信息，曾经使我那样痛苦的爱的信息——春天，孕育万物的春天，带给他人。我一定要通过舞蹈把这种狂喜的感情带给他们。"

到闭馆的时间了，邓肯还坐在画前不肯离去，想通过这美好而神秘的一瞬间发现春天的真谛。她感觉到在此之前，生活都是一种漫无目的的盲目追求。邓肯相信，如果能找到这幅画的秘密，就可以为人们指出一条多姿多彩、充满欢乐的生命之路。

她对生命的看法，就如同一个带着良好的愿望走向战场的人，他受了重伤，反思过去，他这样说道："为什么我不去传播宗教福音，拯救别人免遭这种残杀呢？"

这就是邓肯在佛罗伦萨面对波提切利的《春》所作的思索，后来她就努力将它编成了舞蹈。在里面努力去表现这幅画中所呈现出来的那种柔和、奇妙的动感。

甜蜜的异教徒生活时隐时现，阿芙洛狄特的光辉通过更为仁慈温柔的圣母的形象来表现，阿波罗就像圣塞巴斯蒂安一样来到嫩芽初上的树林中！啊，所有这一切就像充满欢乐的暖流涌进她的胸腔，她急切地想把它们表现在自己的舞蹈中，她称之为《未来之舞》。

如此，邓肯就在一个宫殿的房子里，配着早年几个不出名的音乐家的音乐，跳舞给佛罗伦萨的艺术家看。

她们还是像从前那样，从来没有顾及生活的困难，不久身上的钱就花光了，邓肯只好给格拉斯发电报，请他给寄些费用，以便她去柏林找他。当时他正在柏林准备邓肯的首次演出。

钱一收到，她们就返回了柏林。

到达柏林的时候，她们简直莫名其妙：在驱车穿过城市的路上，发现满城都是写着邓肯名字的灯光广告，以及她将于克洛尔歌剧院同爱乐交响乐队一起演出的预告。

格拉斯安排她们在布利斯托尔旅馆里的一套漂亮的套间住下，整个德国新闻界都在那里等待伊莎多拉·邓肯举行第一次记者招待会。

有了在慕尼黑的研究和佛罗伦萨的经验，于是邓肯用美国式德语大发宏论，率直天真地解释她对舞蹈艺术的看法，她说它是一种"伟大的原始艺术，是一种能够唤醒其他艺术的艺术"。这使当地的新闻界大吃一惊。

这次演出再次使柏林轰动了，观众大为倾倒，演出了两个多小时以后，观众根本不愿意离开歌剧院，人们似乎都陷入对邓肯舞蹈的狂热之中。

剧院每个晚上都挤满了观众，表演结束后，观众们将他们心目中的女神邓肯从台上抬下来，欢呼着："圣洁的伊莎多拉！"走过几条大街，一直走到她住的旅馆。

某个晚上，雷蒙德突然从美国赶来了，他不能忍受和家人的长久分离。这时，一家人就计划着到他们以前一直渴望而没有到过的雅典去，那里是他们认为最神圣的艺术的圣地。

邓肯说："如果不到雅典，那我们对艺术的研究就始终只能徘徊在艺术宝殿的大门外。"

因此，尽管格拉斯极力挽留邓肯，但她还是坚持离开德国，满怀热情地奔赴希腊。

雷蒙德积极地加入了邓肯筹划的希腊之行，路线是从柏林坐火车到威尼斯，再乘船去雅典。

在威尼斯，他们逗留了几天，参观了那里的礼拜堂、艺术陈列馆和水上街道。雷蒙德说："我们这次到希腊不是为了旅游，所以尽可能一切从简，最好就像原始野蛮人那样。所以，尽管我们这次不再缺钱，但还是不要去乘坐那些舒服的大客船。"

邓肯和母亲、姐姐都齐声叫好，认为这样反而更充满了刺激。他们最终乘坐的是一艘往来于布林底西和圣毛拉之间的小小邮船。

他们到圣毛拉上了岸，拜访古老的伊沙卡城遗址，这也是古代希腊杰出的女诗人萨福从悬崖上投海的地方。

他们在此处稍作逗留之后，便乘一艘小帆船，顶着如火的7月骄阳，穿过蔚蓝色的爱奥尼亚海，驶进安布鲁斯海湾，来到加发沙拉小城，在此登陆时，城里的人都到海边来迎接他们。当地土著见到他们，就像当年哥伦布第一次登上美洲大陆一样惊讶。

邓肯和雷蒙德跪下吻着地上的泥土，然后雷蒙德即兴作诗一首，他高声地朗诵道：

美丽神圣的希腊啊，望着你的人
心中一定觉得冷淡
也不会有留恋邦土的那种愿望
因为你的墙壁毁坏了
你的宫殿变成了废墟
看了叫人如何能不感觉苍凉

那些土著听了雷蒙德的诗，都默然无语。

但此时，邓肯一家的快乐却达到了顶点。他们疯狂地想拥抱每一个当地人，差不多要在心里呐喊出："我们在外漂流，最后才到达这块圣地！啊，奥林匹亚山的圣主，我们向你致以最崇高的跪拜！日神阿波罗！亚里士多德！啊，艺术的九女神，你们都和我一起跳舞吧，我们的歌声恐怕惊醒了酒神和他那些酣睡的侍女了！"

第二天天一亮，他们就离开了小城。母亲坐在一辆双驾马车里，邓肯兄妹3人则折了许多桂花枝，把母亲保护在中间。

整个加发沙拉小城的人都来为他们送行，一直望着他们的身影消失在远处。

一家人兴高采烈地到达了斯特累托。这个古城三面环山。他们一家第一次看到古希腊的废城。他们贪婪地观赏着那些"多丽式"的圆柱，眼睛里闪着欣喜的光芒。知识广博的雷蒙德引着母亲、妹妹到了西山神庙的原址处。

他们一路走，一路看，一直走到了亚格利安，这时天已经完全黑了。他们又特意去了梅索朗吉昂。80 年前，才情卓绝的英国浪漫主义诗人拜伦积极投身于希腊的民族独立运动，不幸病逝于此。

到达佩达里斯之后，就能够坐上火车了，但一家人展开了热烈的争论：到底是先去奥林匹亚山还是先去雅典？最后是邓肯的意见占了主动，他们决定先去雅典。

火车奔驰在阳光普照的希腊大地上。一会儿瞥见白雪盖顶的奥林匹亚山，一会儿又处身于婆娑起舞的山林中间，他们感到无限喜悦，常常用互相拥抱、流出高兴的眼泪来表达情绪。小车站上的农民们惊奇地望着他们，以为他们不是喝醉了酒，就是发了疯。

那天晚上，他们到达了戴上紫罗兰花冠的雅典城。

天刚亮的时候，他们便带着朝圣者的神情，向雅典神殿拾级而登。渴慕已久的巴台农神庙眨眼即矗立于晨光之中。这是一种怎样的景致啊，文化与自然的融合，古与今的交汇，传统与现代的对话。

这是一份怎样的心情啊，惊、喜、幸福的泉流进涌至嗓尖，直想大叫，可谁也发不出声。

登上高处，邓肯感觉，以往的一切生命，就像一件杂色斑驳的外衣从身上脱落，似乎她从来没有生活过，似乎在现在长长的呼吸中，对纯洁之美的初次凝视中，她刚刚降生人间。邓肯体验着这种重生一般圣洁的美，只喊出一句："辉煌无比的雅典！"

获得了盛誉的邓肯，经历过失恋的邓肯，来到希腊寻找光明和梦想。终于，在巴台农神庙的台阶上，在宁静的雅典娜女神面前，希腊的太阳从彭特里库斯山那边升起，照耀着身穿白色"图尼克"的邓肯。

邓肯在阳光下宛如一尊白色雕塑。她注视着阳光下神殿伟大的轮廓，大理石闪烁出神秘的光辉。

一家人都缄默不语，美是神圣的，不是用言语可以表达出来的。几千年岁月凝聚成壮丽的一瞬，这一瞬，人成了神，拥有宇宙的大美；神变为人，拥有多感的心灵。人神合一，这是人类文明的起源，也是人类长久追求的一种境界。

他们都好像受了惊吓的孩子一样，没有叫声，没有跳动，只是沉默着，心中充满了无限的快乐，就这样，站在最高的台阶上，静默了几个小时。

几天后，奥古斯丁也来到了他们身旁，邓肯一家人再次团聚了。他们觉得，就这样，一切都已经足够了，这就是他们长途跋涉的目标，他们看了雅典神殿的时候，感觉对美的欣赏已经达到了顶点，根本再不会有比这更高的美的艺术形式了，这里已经满足了他们对美的欣赏的一切要求。

邓肯在布达佩斯已被观众敬如天使，受到极端的欢迎，但她毅然离开了那里。因为她要把一切名誉、金钱之类的虚浮都抛弃，而完成一次精神上的重生。此时尚存留于雅典神庙雅典女神的精神，就是邓肯追求的生命的最真实的精神。

邓肯决定，用在德国演出赚来的钱，建造一座宫殿。圣殿要与巴台农神庙处于同一水平线上，每天同时看到太阳升起。从此，全家人都留居于在这座宫殿里，留居于这艺术辉煌的圣地。

只有奥古斯丁一个人不大高兴。他闷闷不乐了很长一段时间，最后终于吐露了真情：他妻子和孩子不在，他觉得非常寂寞。于是大家同意把她们接来。他妻子带着女儿来了。

他们找遍了科仑罗斯、法勒能以及阿提喀所有的山谷，但找不到一个地方堪当建址。后来有一天，邓肯在走向以养蜜蜂而著名的亥麦塔斯的时候，她迈上了一块高地，忽然发现它与雅典神庙的亚克罗坡利山正好在同一水平线上。

接着，就要组织图画纸和制图仪器，设计宫殿的样式。这是雷蒙德的特长，他瞧不起建筑师，不要他们帮忙，他自己动手，仿照着雅典城其中一座神殿的样式来设计图纸，在没有建筑师的情况下就完成了。建房的事由雷蒙德全权负责。

一家人研究雅典卫城，建筑房子，配着埃斯库罗斯的音乐跳舞，一天天忙得不亦乐乎。除了偶尔到附近的乡村去散步，似乎忘掉了尘世的一切。

山上的房子一天天建起来，但他们很快就发现，附近方圆几里之内根本找不出一滴水。但乐观浪漫的一家人仍然坚持着。他们请了更多的工人来开挖自流井，但一连干了几个星期都一无所获。

此时，邓肯银行的存款已经用光了。建筑费用比预算大大超支，邓肯不得不决定离开希腊。离开前几天的一个晚上，邓肯整夜无眠，独自一人来到雅典卫城上，走进酒神戏院，她在这里跳了一场告别舞，面对众神，面对光荣和梦想，面对从远古潺潺而来的岁月之流。

然后，她登上普拉比仑山，进入雅典神庙，在此，邓肯感觉自己以往的一切光荣之梦忽然破裂了。她只是现代人，而不是，也不可能是别的什么人，不可能拥有古希腊人的感情。

现在她面前的这座雅典娜神庙，在以往不同的时代有过它不同的色彩，而她归根结底只是一个苏格兰和爱尔兰血统的美国人。在希腊度过的这一年的美丽幻想一下子破灭了。

3天之后，一大群热心者，还有那流着眼泪的10名希腊男童的父母，簇拥着邓肯一家搭上从雅典去维也纳的火车。在车站上，邓肯用蓝白的希腊国旗包着全身，那10个希腊孩子和希腊群众一起唱起美丽的希腊歌谣。

火车缓缓启动，载着邓肯一家，那10个希腊儿童，还有教拜占庭音乐的教授，驶向维也纳，只留下雷蒙德在希腊管理工地事务。

醉心探索舞蹈音乐

离开希腊的第二天上午，邓肯一行抵达了维也纳。

在维也纳，邓肯让她的合唱队唱起埃斯库罗斯的《恳求》，而自己则伴着音乐跳舞，用这种方式向奥地利的观众做了最真实的活广告。

在维也纳卡尔戏院，邓肯的舞蹈又重获胜利。刚开始，观众对合唱队的表演反响并不十分强烈，但当邓肯登场，随着《蓝色多瑙河》的乐曲翩翩起舞时，观众立刻狂呼起来。

最后，邓肯向观众作了即席演讲，她说："我希望恢复希腊悲剧歌曲的那种精神，我们必须复活合唱的美。"

她的话还没讲完，观众就大声喊起来："我们不要听讲，我们要看您的舞蹈！再来一次《蓝色多瑙河》吧，再跳一次吧！"

演出几场之后，邓肯一家口袋里又鼓鼓的了，他们离开维也纳再次回到了慕尼黑。

邓肯又来到了德国。她认为德国是一个严肃的国度，她的崭新的舞蹈理论，需要理性的审视。而这里，有康德的《纯粹理性批判》，有《查拉斯图拉如是说》，还有一大群诗人、画家簇拥在她的周围。

邓肯把那班希腊孩子带到慕尼黑的时候，引起了各大学教授和知识界的注意。著名的胡特汪勒教授还专门以希腊都会拜占庭音乐老师的诗歌为内容，作了一次公开的演讲。

把舞蹈想象成一种合唱，进而成为一种人所共有的表达方式，逐渐得到舆论的首肯。每一场演出都是人山人海，水泄不通。所有的沙龙、酒会和文学艺术中心，都在热火朝天地讨论一个话题：邓肯的舞蹈。报纸专栏，杂志封面，满城的灯光广告，全都写着邓肯的名字。

柏林对于这班希腊孩子，或许并不是真正从内心里热烈欢迎。但柏林的观众还是像维也纳的观众一样高喊着："请您先不要管什么恢复希腊的诗歌，就为我们跳《蓝色多瑙河》吧！"

与此同时，希腊男孩们自己也感觉到不习惯这个陌生的环境。有好几次，旅馆主人向邓肯抱怨，这些孩子不懂规矩，脾气太坏，总是要求黑面包、熟透了的黑橄榄果和生洋葱。每天的饭菜中若没有这些开胃食品，就对侍者大发脾气，一直发展到把牛排扣在他们头上，动刀子。

后来，他们已经失去了那种清纯超然的音调，连那位教拜占庭音乐的教授也变得索然无味了。

有一次，柏林的警察找到邓肯说："您带来的这些希腊孩子经常半夜里从窗户爬出来，到那些下等咖啡店去找来自希腊的妓女。"

同样，当他们抵达柏林以后，完全失掉了当初在酒神剧场演出时的那种天真烂漫的孩子气，并且每个人都长高了许多。所以有一天，在经过多次苦恼的商议之后，邓肯终于下决心把他们送上了开往雅典的火车。

此时，欧洲的伦敦、巴黎、柏林等大都会，在幕布、服装等各方面模仿邓肯的赝品，大行其市。

送走那些希腊孩子之后，邓肯也就暂时打消了恢复古希腊音乐的念头，转而钻研德国音乐家格卢克的音乐。

斯特拉斯家邀请邓肯每星期去表演一次，使那里成为了艺术界和文学界人士的聚集地。他们经常对跳舞的艺术进行探讨、辩论。德国人很重视对艺术的探讨，他们对此付出了极严肃的思想。

这时大家激烈辩论的中心议题就是邓肯的舞蹈，报纸上也有不同观点的长篇大论。

有一些文人和艺术家也经常到邓肯家去，其中有一个年轻人，前额突出，眼睛在镜片后面闪着光芒。他对邓肯说："我的使命，就是要把尼采的天赋显示出来。你只有借着尼采，才可以把你所追求的舞蹈艺术完全表现出来。"

邓肯听取了他的意见，从此他每天下午都到邓肯家中把德文的"超人"讲给邓肯听，一边讲一边解释。邓肯慢慢地被尼采的哲学侵占了全部精力。因此，虽然经理一直劝她到各处表演，以使观众保持对她的热情，而且还可以有上千马克的收入，但邓肯却无动于衷。

在邓肯的心中，一直有一个理想，就是研究、创造出当时尚未有过的一种舞蹈，并开办她的舞蹈学校，把这种艺术发扬光大。她知道，人的一生是短暂的，如果不能集中精力和时间来追求自己的理想，那将遗恨终生。

经理跑进来哀求邓肯，并让她看那些欧洲到处都有人模仿她跳舞的消息。邓肯对这些消息付之一笑，她不想去争什么专利、产权，也不想发表什么严正声明。她决定，把整个夏季的一切空闲都用在倾听贝多芬和瓦格纳，她决心探访他们音乐的源泉。

那天，有一个仪态端庄的女人来到她的寓所，她就是瓦格纳夫人科西玛·瓦格纳。科西玛是一位极有才智的女子，亭亭玉立，仪态端庄，秀眸流盼。她对于各种哲学思想都有很深的研究，而对瓦格纳，那就更是了解到了每一乐句、每一音符。

她向邓肯畅叙了许多瓦格纳的往事，并鼓励邓肯说："他讨厌芭蕾舞的动作和服装，迷醉于酒神节的歌舞。他最喜欢看鲜花一般的姑娘跳舞了，你正是他所期待的理想形象。可惜，你来迟了，伊莎多拉，他要能看上一眼你的舞蹈，不知会有多高兴呢！"

科西玛邀请邓肯来拜垒特表演，并且在这次表演的时候，也去表演瓦格纳的歌剧《坦惠则》。

邓肯一时有些为难，因为歌剧芭蕾舞，一直与她的跳舞思想背道而驰。她一直认为芭蕾舞这种机械粗俗的舞姿伤害了她心中的美感。

不过，邓肯还是诚恳地对科西玛说："如果我的舞蹈学校办成了，我就能够把瓦格纳理想中的那些女仙、牧神、半人半羊女神、三女神等都带到拜垒特来，一一表演给你们看。但现在只有我一个人，可能无法实现。但我肯定会来的，我尽量展现出三女神那种温柔美雅的动作，让你们欣赏到酒神和花女的跳舞。"

在春光明媚的 5 月，邓肯来到了拜垒特，下榻于黑鹰旅馆。其中的一间宽敞得足够练功，便在里面放了一架钢琴。

她每天都收到科西玛的一张便条，邀请她去吃午餐或晚餐，或者晚上到汪弗里德别墅去玩。她的款待盛情已极，每天去那里赴宴的至少有 15 个人。客人中间包括德国的大思想家、艺术家和音乐家，常常还有来自各国的大公和公爵夫人，或者皇亲国戚。

邓肯来到了科西玛居住的汪弗里德别墅，从书房的窗子可以看到外面的大花园，那里也是理查德·瓦格纳的墓地。用完午餐后，她们手牵着手在坟墓的旁边散步。邓肯尽情地跳了两个小时舞，她看见科西玛的眼眶里泪水盈盈，在阳光下，仿佛一颗颗晶亮的音符。

邓肯穿着小的白舞衣，加入这许多著名的艺术家的团体中。此时，她仔细研究瓦格纳的《坦惠则》这部歌剧：剧中表现了一个狂醉者热烈的欲望，坦惠则一直沉浸在浓浓的醉意之中。歌剧最短的一段半人半羊仙以及水女仙、爱神等，都是瓦格纳最后的灵魂展示。

邓肯从早到晚都完全陶醉在音乐里，她每次都参加在那个红砖的宫庙里的练习，准备着第一次的正式表演。她不但练习《坦惠则》，还研究了《戒指》《巴西佛》等。为了能够深入地理解歌剧的精神，她把这些神话都深深地印在脑子里，一直感动于瓦格纳歌剧的音乐中。

邓肯浑然忘却了身外的世界，所有外部世界都变成了模糊的、虚无的，而只有她的舞蹈、神话才是真实的。

与黑格尔一见如故

　　自从结束与"罗密欧"的恋情之后，邓肯两年来一直过着一种圣洁的生活，起初她完全沉醉在希腊，现在则是瓦格纳。

　　黑鹰旅馆非常狭小拥挤，邓肯住得很不舒服。母亲和姐姐都正在瑞士避暑，邓肯只有一个人在拜垒特。雷蒙德在雅典继续房屋的建筑工作，他不时给邓肯打来电报："自流井的工程进展顺利，下周就肯定会取到水了。你再汇些钱来。"

　　邓肯有了些钱，她想在拜垒特买一所大些的房子。有一天，邓肯正在密米退基附近的一个花园散步，忽然看到了一栋修建得很精致的石头房子。这是一座古老的狩猎别墅，里面有非常宽敞、比例匀称的起居室，有古老的大理石台阶通向浪漫色彩的花园。它年久失修，破旧不堪，有一大家子农民已在那里住了大约 20 年。

　　邓肯与他们商量，花了大价钱买下了这所房子。然后又请来木匠、漆匠，将里面粉刷一新，又涂上了一层淡绿色的漆。邓肯不辞辛苦，亲自跑到柏林，买回了长沙发、垫子、柳条椅和大量的书籍。

　　母亲和姐姐还没回来，邓肯和她的朋友玛丽·德斯蒂住在那所宽敞的石头房子中。因为这里没有仆人的睡房，男仆和厨师则住在附近的一家小旅馆里。邓肯为这所"新"房取名叫"菲利浦静庐"。

　　一天半夜，玛丽叫醒邓肯："伊莎多拉，我不是有意吓你啊，你来瞧瞧，那里，在对面的树下，每晚这个时候，总有个男人望着您的窗户。我怕是个居心不良的贼，在打你的坏主意。"

　　邓肯一看，确实有一个瘦小的男人正站在树下朝她的窗子张望，在空旷的夜里仿佛就是一个影子，令人心悸。她不由大吃一惊。

但就在此时，月亮突然露了出来，一下子照亮了他的脸。

玛丽和邓肯两人都看清了，那是音乐家、传记作家海因里希·索德仰起的兴奋面孔。玛丽悄声说道："每天晚上他都这样在那儿站着，得有一个星期了。"

邓肯让玛丽在屋里等着，然后在睡衣外面套上一件外衣，轻轻地走出了房间，径直朝索德站的地方走去。

"亲爱的好朋友，你这样爱我吗？"她问道。

"是的，是的，你就是我的梦想，你就是我的圣克莱瑞。"

当时邓肯不明白这是什么意思，后来索德告诉她，他正在写他的第二本杰作，是关于圣弗朗西斯的。他的第一部著作写了米开朗基罗的一生。索德像其他伟大的艺术家一样，会沉浸在他的作品创造的世界里。在那时，他把自己当成了圣弗朗西斯，而把邓肯想象成了圣克莱瑞。

邓肯把索德慢慢地引上台阶，进入屋子里。索德好像在梦中一样，眼中充满光辉与恳求，凝望着邓肯。

邓肯在与他的对视中，忽然觉得精神振奋起来，她此前就感觉过如此令她狂喜的恋爱。不由倒在索德的手臂里。

索德吻着邓肯的眼睛、额头，不过这不像是世俗的欲情，索德嘴里不停地呢喃着："我坠入热烈的爱情中，我坠入热烈的爱情中。"

索德对邓肯的爱是毋庸置疑的，他有着强烈的情感冲动，却没有丝毫的肉体冲动。他的爱纯粹是让邓肯在舞蹈中达到肉体和精神愉悦的高潮。他是邓肯的挖掘者，他让蕴藏在邓肯身上的艺术之源汩汩而出；他又是邓肯的超升者，他使邓肯的灵魂霞光万丈，飞入九重云霄。

每晚索德都到"菲利浦静庐"来，他从不像一个情人那样对待邓肯。只是以一种专注而觉悟的目光凝视着邓肯，带着邓肯在精神的爱情中达到快乐的最高点。

索德的意志很坚强，他能够在与邓肯这种高度恋爱的快感中，突然把她的注意力转移到纯粹的理智方面。每天，他把《圣弗朗西斯》的底稿带一些来，写完一章就给邓肯读一章听。而且也为邓肯完整地读但丁的《神曲》。

这种朗诵有时会通宵达旦，每当日出的时候，索德就像喝醉了酒一样，蹒跚着离开。他陶醉在自己那种超越神圣的理智中。

有一天，当索德清晨再次离开"菲利浦静庐"时，突然惊恐地抓着邓肯的手说："我看到瓦格纳夫人正向这边走过来了！"

确实，科西玛来找邓肯了。她脸色苍白。

昨晚她一夜都没睡好，因为前天晚上，邓肯在《坦惠则》剧中的三女神增添了一些意义，两个人为这个问题互不相让，争执起来。邓肯今早看到她这个样子，还以为她在生气呢！

科西玛用激动得发抖的嗓音说："我昨晚在瓦格纳遗留下的纪念物中，找到一个小记事簿，里面的东西还未发表过，上面阐述了女神跳舞的情况。因此，我等不到天亮就来找你。我承认，我错了，亲爱的伊莎多拉，你的确是得到瓦格纳先生的灵感了。这上面写的，与你的直觉是一样的。从此你可以在拜垒特自由处理这段舞蹈，我不会再在创作中干涉你。对了，你能否嫁给西格弗里德·瓦格纳，同他一起继承大师的传统？"

邓肯听她突然转换话题，不觉一愣："夫人，西格弗里德是我的兄弟，我们的结合并不能体现出更多的价值，像现在这样，不是更好吗？"

科西玛疑惑地问："你难道有男朋友了吗？"

邓肯含糊其词地说："这个问题我无法回答，因为我和许多男性都保持着十分友好的关系，包括西格弗里德，他们都是我的朋友。我知道您所说的意思，我一直想在舞蹈上有些作为，没有考虑过那些琐事。"

科西玛理解地点了点头："你是个好孩子，伊莎多拉。哦，最近对大师的作品有何体会？"

邓肯这些天一直徜徉在瓦格纳的音乐海洋中，她的整个精神都被它所占领，这时她忽然说："我发现了大师一个错误，这个错误同他的天才一样巨大。"

科西玛用异常惊恐的目光注视着她："大师会有错误？是不是你的误解呢？"

邓肯以青年人那种极端自信的态度说："不，我想了很久。我认为，他宣扬的那种'音乐剧'完全是不可能的东西。"

科西玛战栗着说："这可是大师的毕生追求呀！"

邓肯继续解释说："大师的追求很痛苦，因为他必定徒劳无功。戏剧是说出来的言辞，它产生于人的头脑，而音乐是激情的抒发，它来自人的心灵，这两者是拢不到一块的。头脑总是在吓唬、欺骗心灵，它们是一对冤家。"

她说出了这样激烈诋毁瓦格纳的话，注意地看了科西玛一眼，见她在仔细听着，就继续说："我们必须先说话，然后唱，然后再跳舞。说话由脑筋出发，这是理智的，唱歌是根于情绪，而跳舞则是一种酒醉的癫狂，把一切都淹没了。这三种东西。彼此混合起来是不可能的，所以歌剧是绝对不能成立的。"

科西玛沉默良久，恳求道："孩子，你千万别对其他人说这些话，尤其是报界。我们要维护大师的尊严。"

邓肯诚恳地说："我理解您的心情。但每个人都会犯错误，大师也是人。为尊者讳只会污损大师本人。"

一个雨天的清晨，邓肯乘了一辆双套敞篷马车赶到了拜垒特火车站，她来接一个人。他就是德国博物学家黑格尔。当时，这是一个让人闻之一悚的名字，他的大著《宇宙之谜》由于捍卫和发展了达尔文主义，而受到神学家、唯心主义者们的猛烈攻击。

邓肯在伦敦大英博物馆认真读过这本书，黑格尔对宇宙间各种清楚透彻的解释，使邓肯对这位偶像摧毁者深怀敬意。于是就写了一封信给黑格尔，表示自己感激他的著作对她的影响。

黑格尔对这封信很是在意。后来邓肯在柏林跳舞的时候，黑格尔就给她回了封信。

言行放肆的黑格尔，由于被德皇逐放，无法到柏林去，就与邓肯保持着通信。邓肯来到拜垒特后，就写信邀请黑格尔来观看自己的表演。黑格尔走下车来，虽然已经60多岁，但高大的身体依然挺直，须发皆白，穿着宽松得离谱的衣服，手里提着一个呢绒袋子。与邓肯一见面，就亲热地拥抱了她，使邓肯倍感亲切。

黑格尔就住在"菲利浦静庐"，邓肯特意为老人装了许多花，然后又兴奋地跑去告诉科西玛：伟大的黑格尔来了！成了她的上宾。

但科西玛作为一个虔诚的天主教徒，对这位探索"宇宙之谜"而崇尚达尔文自然主义的人，当然不会表示出特别的热情。邓肯以坦率真诚的口吻向她解释了黑格尔的伟大以及她对他的敬佩。科西玛才极不情愿地在包厢里为黑格尔留了一个位子。

当天下午表演中间休息的时候，邓肯与黑格尔携手散步，一个穿着希腊式的舞衣，露着双腿，赤着双脚，一个身材魁梧，穿着奇怪膨胀的长服，观众们看了都感到又惊讶又有趣。

黑格尔面对着邓肯表演的《巴西佛》，并没有表现得多么热情。演到第三幕的时候，邓肯才醒悟过来，黑格尔作为一位自然主义者，他的头脑太科学了，神话魔力和舞蹈激情不能感动他。在他看来，艺术只不过是自然进化的另一种表现形式。

科西玛的别墅并没有设宴款待黑格尔。于是邓肯专门为黑格尔举行了盛大的欢迎会，良辰美景，贤主嘉宾，在座的都是一些头面人物，有正在拜垒特访问的保加利亚国王斐迪南、德皇的妹妹萨克斯梅林公主、柔斯的亨利公主及索德、汉帕丁克等人。

席上，邓肯作了一篇演讲，盛赞黑格尔的伟大思想，并表演了舞蹈。黑格尔发表了独具一格的评论。他说："邓肯的舞蹈同一切普遍的自然真理有密切的联系，这正是一元论的一种表现形式，它与一元论来自同一个源泉，往同一个方向进化。"

接着，著名男高音歌唱家冯·巴利唱了歌。他们一起用晚餐，宴会进行了整个通宵，直到天亮时，黑格尔仍然高兴得像个孩子一样。上午，黑格尔毫无倦意，他请邓肯与他一起去爬山。

在爬山的时候，黑格尔不停地对路上的每块石头、每棵树，甚至所见到的任何东西发表一番见解。他们登上山顶，黑格尔傲然独立，就像一位俯视大地的天神一般。

有一天晚上，斐迪南国王陛下来到了"菲利浦静庐"，他与邓肯一起讨论古希腊的艺术。邓肯说起了自己恢复古希腊艺术的理想，越说越兴奋，并把自己梦想着创办自己的舞蹈学校的理想也告诉了斐迪南。

斐迪南听了之后，赞同地说："这个主意妙极了，你一定要到黑海之滨我的宫殿里来办你的学校。"

像任何一件新生事物一样，伴随着成功的，总会有非议的声音。

有一些则把"菲利浦静庐"说成了"邪恶的殿堂"："那么柔软的沙发床，高质料的垫子，玫瑰色的吊灯，可就是没一把椅子。那个叫冯·巴利的嗓门特高的什么歌唱家，整晚都窝在那里唱啊跳啊，发神经！你说，除了唱啊跳啊，他们总得休息，那休息又坐在哪里呢？没有一把椅子，还不是在床上！"

甚至还有谣言说："那个保加利亚的斐迪南国王，见了邓肯就乐不思蜀，赖在拜罗伊特不回去了，只怕还会申请德国国籍呢！他每次都深更半夜地跑到'菲利浦静庐'去，难道真的是极其纯真地讨论艺术吗？讨论艺术偏要半夜去吗？"

又有人神秘兮兮地说："还有，她和几个青年军官一起去骑马，穿着长衫和凉鞋，鬈发在风中乱飞，活像一个女妖。有一回，那匹马见自己背上坐了个女人，就胡闹起来，狂奔乱跳，吓得女人尖叫。它跑到一家小酒馆门口又四蹄钉地，再怎么也不肯走了，让那女妖出尽了洋相，哈哈哈！"

更多的人批评邓肯跳舞时的穿着："跳舞的时候更不得了，老是穿一件图尼克长衫，透明得就像一面镜子。大家都有一双眼睛，谁瞧不见？这不是，连那个最喜欢她的瓦格纳夫人也看不下去了，派她的女儿把一件衬衫送到了女妖的化妆室，央求她穿在那层薄纱下面。"

邓肯不在乎别人怎么说。她知道，她置身于所谓的传统之中，她置身于所谓的时代之中，她置身于所谓的社会之中。向她挑战的，并非不良用心，而是强大的习惯势力，是一种集体无意识的抵拒。

紧张之余，她平添了战斗的勇气和胜利的信心："新事物如果遇不到旧势力的阻遏，那就不过是旧的变种，或者，是毫无生命力的新事物，好比温室里培育出来的幼苗。"

夏季渐渐过去了，索德离开拜垒特，正在德国各地巡回讲演，邓肯也为自己安排一次德国全境巡回演出。她离开了拜垒特。

旅行演出的第一站是海德堡。在那里，邓肯听了索德对学生的讲演。他用时而柔和、时而激动的声调向他们谈论着艺术，中途突然告诉学生们说：一个美国人给欧洲带来了一种新的美学形式。

他的夸奖使邓肯感到幸福和自豪，不由得浑身颤抖起来。那天夜晚，她为大学生们表演了舞蹈。他们排成长长的队伍在街上游行。邓肯和索德并肩站在旅馆的台阶上，一起分享他的胜利的喜悦。

海德堡的青年们崇拜他。每家商店的橱窗里都陈列着他的照片，另外都摆着伊莎多拉的那本书《未来的舞蹈》，他们两人的名字总是并列在一起。

巡回演出结束后，经理与邓肯签订了去俄国旅行表演的合同。

首次进行俄国之旅

1905 年，邓肯第一次尝试俄国之旅。从柏林到圣彼得堡只有两天的路程，但从经过边境那一瞬间起，邓肯感觉好像进入了一个完全不同的世界。从那以后，那广漠寒冷的雪地，似乎把她滚热的脑子冷却下来了。

那天夜里，在卧铺车厢里，邓肯梦见自己从窗子里跳了出来，赤条条地掉进雪中，掉进了雪的冰冷怀抱，打着滚，最后冻僵了。

冷，白，辽阔无边，光芒耀眼的雪呵！

微弱的灯光，呼啸的风声，童话中的小木屋。贫穷，像一个冻得不能动弹的冰球，压在广袤的土地上。

火车一直在风雪中徜徉，晚点了 12 小时，到达圣彼得堡已是 1 月 6 日凌晨 4 时。零下 10 摄氏度，这在圣彼得堡很正常，但邓肯可是第一次体验。

邓肯刚到俄国就目睹了一幕惨剧：旅客都走光了，车站空无一人。邓肯只好雇了一辆单套马车，向欧罗巴旅馆驶去。经过阿拉里大街，邓肯隐隐看见从远处走来一支长长的队伍，一个个身穿黑色衣衫，面色凄惨。队伍正中是男人们扛着的十几口棺材。

马走得很慢，马车夫不停地在胸口画十字，嘴唇嗫嚅着，发出仿佛不是人世间的声音。邓肯叫马车夫干脆停下马车，问道："这是怎么回事？"

"死者都是昨天在冬宫前面被枪杀的工人。他们去请求沙皇施舍面包，可伟大的沙皇却赏给他们子弹，而且，颗颗让他们吃进去了。你看，他们都饱了，在这个冷酷的世界上，他们都受够了，吃饱了，都升到天国去了。"

"那为什么要赶在黎明前下葬呢?"

"因为在白天下葬会引起更大规模的骚乱,死者也将更多。这样的情景是不能在白天让全城人看见的。他们自己失去了亲人,不想其他人再作无谓的牺牲。"

邓肯被眼前的景象惊呆了,她浑身发抖,感到她的整个身体、思想和灵魂,都在变成一串一串的泪珠,滚滚而下。

邓肯的眼泪在脸上冻成了一长串冰珠。这件事在邓肯心中引起了很大的波动,并影响到她下半生的生活。

最后几个悲哀的送葬者终于从他们身边过去。马车夫奇怪地回过头来,望着泪水盈面的邓肯,他又一次画了十字,无可奈何地叹了口气,扬鞭策马朝旅馆去了。

邓肯登楼进入豪华的房间,趴到了恬静的床铺上,独自哭泣起来,一直哭到入睡。

欧罗巴旅馆的房间宽敞无比,天花板高到极点。窗子是封死的,从不打开,空气是通过墙壁高处的通风装置抽进来的。邓肯醒得很晚。演出经理人前来拜访,送了几束鲜花。

第二天,著名的芭蕾舞演员巴甫洛娃请邓肯观看了她的演出,并请邓肯去看她的训练。邓肯静坐在训练馆中,看着巴甫洛娃一刻不停地训练了3个小时,非常惊奇。

巴甫洛娃的训练是极辛苦的,好像是要把身体的锻炼与心灵完全隔断开来,心灵与这种肌肉的训练远远孤立着。这与邓肯要创办的舞蹈学校的理论完全相反,因为她是想要使身体的动作成为表现心灵的一种媒介。

巴甫洛娃在家里举行晚宴。邓肯坐在两位画家列夫·巴克斯特和亚历山大·别努阿中间,并且她第一次见到了俄国戏剧活动家谢尔盖·佳吉列夫。她同他就她所设想的舞蹈艺术问题展开激烈的讨论,邓肯说出了她作为反对派对芭蕾舞的看法。

在晚餐上，巴克斯特为邓肯画了一张速写：她的神情非常严肃，几绺鬈发感伤地垂在一边。

巴克斯特还给邓肯看了手相："你会获得很大的荣耀，但你会失掉你在人间最心爱的两个东西。"弄得邓肯一头雾水。

吃罢晚餐，不知疲倦的巴甫洛娃又为朋友们表演了舞蹈。尽管大家离开的时候已经是清晨5时多了，但她还是邀请邓肯："如果你想看我练功的话，上午8时再来。"

邓肯空前地在8时就起来了，去参观皇家舞蹈学校。在那里，她看到排成一行行的小学生，一个个做着重复的练习，一连好几个钟头踮着脚尖站立着。在她的眼中，这些孩子受着非人的折磨，他们是一些经受残暴的、不必要的严厉刑罚的牺牲品。在她的眼中，宽敞的、光秃秃的舞蹈教室毫无美感，也没有灵感，简直像是一间刑讯室。她比任何时候都更加确信，这所皇家舞蹈学校简直是自然和艺术的敌人。

两天之后，邓肯在圣彼得堡的贵族剧场表演舞蹈，那些看惯了芭蕾舞的俄国的贵族们，现在突然看到这样一个年轻的美国姑娘，穿着一件薄薄的纱衣，以一块纯净的蓝幕布为背景，不由惊讶万分。他们要看邓肯是如何用她的舞蹈表现出她的灵魂，是怎样理解肖邦的灵魂的。

但当邓肯刚刚跳完第一段舞，剧场里就响起了雷鸣般的掌声。

邓肯在掌声最热烈的时候，蓦然想起那一支送葬的队伍，那马车夫的声音，再看看眼前锦衣玉食的贵族们脸上浮夸的笑容，邓肯木然呆立，久久回不到现实中来。

俄国对邓肯的接待规格是很高的。川流不息的人群前往邓肯下榻的旅馆，其中有米哈伊尔大公，著名芭蕾舞演员、沙皇的情妇玛丽亚·克舍辛斯卡娅，俄国芭蕾舞的传奇人物佳吉列夫，舞台美术家列夫·巴克斯特和亚历山大·别努阿，舞剧编导大师彼季帕等。

第二天，一位可爱的女士前来拜访邓肯。她身裹黑貂皮大衣，耳朵上挂着钻石耳环，脖子上绕着珍珠。她就是著名舞蹈家金斯基，是代表俄国芭蕾舞团来欢迎邓肯的，并且邀请邓肯参加当天晚上歌剧院的游艺晚会。

邓肯感到非常惊讶。在拜垒特，邓肯受到的只是芭蕾舞剧界的冷淡和敌意。两种态度截然不同，使邓肯又惊又喜。

那天晚上，邓肯跟随金斯基，坐上一辆烧暖了的、垫了贵重毛皮的马车，来到了歌剧院。坐进第一列包厢，里面摆着鲜花、糖果，另外还有3位圣彼得堡英俊青年。邓肯仍旧穿着那件小的白色图尼克和凉鞋。

邓肯一直反对芭蕾舞剧，认为它是一种虚假荒唐的艺术，甚至根本不能算在艺术之列。但是，当金斯基在舞台上翩翩起舞的时候，她却禁不住为她的美妙身姿鼓掌。金斯基仙女一样在台上闪着，根本不像一个凡人。

幕间休息时，邓肯在包厢里环顾四周，见到了世界上最漂亮的女人，穿着最美丽的袒胸露肩的晚礼服，浑身珠光宝气，而穿着华贵制服的男人侍立于侧。所有这些豪华排场，与头两天清晨看到的那个送葬的行列恰成对比。

演出结束后，金斯基邀请邓肯到她的豪华府邸去用晚餐。在那里，邓肯再次遇到了米哈伊尔大公。当她讲述起为平民百姓的孩子开办一所舞蹈学校的计划时，他显得有些骇异。

在圣彼得堡过了一个星期以后，邓肯到了莫斯科。这里的观众对她起初不像圣彼得堡的观众那样热情。由于没有预告邓肯要来莫斯科的海报，因此，来看她表演的相当少。但在这里，她遇到了莫斯科艺术剧院的经理、不朽的斯坦尼斯拉夫斯基。

斯坦尼斯拉夫斯基观看邓肯的表演完全出自偶然，因为在此之前，他对邓肯及其舞蹈知之甚少。但他发现，观众中却有以马蒙托夫为首的那么多艺术家、雕塑家、作曲家、作家、画家，还有那么多的芭蕾舞演员，这令斯坦尼斯拉夫斯基惊讶之至。他于是跟在这一大批人的后面来看邓肯的首演。他从内心里感到，那会是一个非同寻常的晚上。

第一个节目演完了以后，只引起了一阵不冷不热的掌声和怯生生的试探的口哨声。但是，接连几个节目演完之后，斯坦尼斯拉夫斯基再也按捺不住了，他跑到台前拼命地鼓掌，掀起了整个剧场的高潮。全体观众再也不能无动于衷了，大家一齐热烈鼓掌，接着就多次要求她重复表演。演出结束时，剧场欢声雷动，一片欢腾。

斯坦尼斯拉夫斯基这位俄国最卓越的美学家、教育家、艺术家，像记者一样紧紧地追踪邓肯的足迹，观赏她的表演，向她询问各种他迫切需要了解的问题。

"您的舞蹈是跟谁学的？"

"是歌舞女神教我的。我幼年时刚学会站立，就开始跳舞了，一直跳到现在。我的舞蹈就是要唤醒人们，整个人类、整个世界都必须舞蹈。过去如此，将来也永远如此。如果有人干扰，不想理解自然赋予我们的这种天然需要，那是徒劳的。我要说的就是这些。"

"您除了必要的化妆，演出前还有别的准备工作吗？"

"化妆是次要的。我的舞蹈不是做表面文章，而是精神力量的抒发，化妆务必服从于这一点。我从来不做无准备的演出，上台前，我一定要把灵魂安上一台发动机。但是，如果我没有这台发动机，我就不能跳舞。这台发动机能使我在舞台上，不仅手、眼舒展自如，还能让双目放光，面部、头发，乃至全身都笼罩在一种光环里。"

"您怎样看待俄国的芭蕾舞？"

"我参观了贵国芭蕾舞皇后巴甫洛娃的训练，她确实有令人惊羡的绝活，但那不是舞蹈，而是杂技。她训练、表演时毫无表情，动作则让人想起钢铁和橡皮，这种脱离心灵的肉体训练是痛苦的。我最失望的是贵国的皇家舞蹈学校，那么小的孩子，一连几个钟头踮着脚跟站立，像接受刑讯的犯人。这种折磨将摧毁孩子们一生的美感。你不要小看这一点，倘若他们今后又用这一套方法去训练他们的下一代，那就不是关系到个人，而是关系到民族和人类了。"

在访问莫斯科之后，邓肯又对基辅做了短期访问。一群群学生站在剧院门口的公共广场上，不让她过去，非要她答应举行一次表演。因为在剧院的演出票价太贵，他们买不起。

当邓肯离开剧场以后，他们还站在那里发泄对演出经理人的不满。邓肯站在雪橇上向他们讲话。她说："如果我的艺术能够鼓舞俄国的青年知识界，那我将非常自豪和高兴，因为世界上没有一个国家的学生，能像俄国学生那样关心理想和艺术。"

邓肯对俄国的第一次访问，由于不得不履行原有访问柏林的约定而中断了。临走以前，她签订了春天再来演出的合同。

尽管这次访问为时很短，但给她留下了颇为深刻的印象。在俄国围绕她的理想发生了不少争论，有赞成的、有反对的。在狂热的芭蕾舞迷和热心邓肯艺术的人之间，真像是进行了一次决斗。

正是从那个时候起，俄国芭蕾舞演员甚至走得更远，脱下了她们的舞鞋和舞袜。

而这更坚定了邓肯的决心：一定要创办一所自己的舞蹈学校！

艰难中行进

异端？真好，你说得太准确了，我正是一名异端，就让我做异端吧！

——邓肯

开始创办舞蹈学校

邓肯回到柏林之后，决意马上创办她梦想已久的舞蹈学校，再也不能拖延了！

她把自己的计划告诉了母亲和姐姐，她们也和邓肯一样热心。并立即出去帮她找房子。邓肯一直都是这样，心中常常会莫名其妙地冲动，然后她就顺从这种冲动行事。

在雅典建房就是这样，现在，雷蒙德从希腊传来了越来越令人吃惊的消息。开凿水井花的钱与日俱增，昂贵不堪，成了填不满的窟窿。找到水的可能性一星期比一星期渺茫。最后，他不得不放弃了努力，使得未完工的房子成为格班罗斯山上一片美丽的废墟。

邓肯现在决定集中所有的财力，为世界各地儿童开办一所学校。她最终把学校地址选在了德国，因为当时她觉得德国是哲学和文化的中心。

一个星期之后，伊丽莎白在格吕内瓦尔德的陶登大街买了一栋新落成的别墅，装修改造之后，又订购了40张小床，每只床上面挂着白色细布帷盖，用蓝色缎带系着。

她们把这个别墅布置成好像格林童话中的儿童乐园。

在中央大厅的墙壁上，挂着希腊神话中亚马逊女神的画像，比普通人还要大一倍。

在宽敞的舞蹈室里，有意大利雕塑家卢卡·德拉·罗比亚所创作的但那梯罗的舞女们的浮雕像和意大利雕塑家多奈泰洛所创作的正在跳舞的儿童塑像。

在寝室里，装饰有蓝色和白色的圣母和圣婴，他们被花果编织的花环环绕着，这也是罗比亚雕刻的。除了这些儿童的图像外，邓肯在学校里还安置了一些跳舞、奔跑或跳跃的青年斯巴达姑娘的塑像。在斯巴达，姑娘们要受严格的体操训练，使她们堪为英雄战士的母亲。

这些精雕细刻的泥塑人像，表现的是每年获奖的健步如飞的少女：她们纱巾飞舞，衣裳飘动，手拉手，在雅典娜跳舞，表现了邓肯将来要达到的理想。这些都是用陶瓷烧成的塑像。

还有就是古希腊庆祝守护女神典礼中那些跳舞的少女。这都代表了邓肯心中渴望达到的一种理想。

邓肯想，学校的学生将渐渐学会由衷地喜爱这些塑像，会日益成长得越来越像她们，日益知晓舞蹈协调均和的秘密。并且，邓肯还要使在这个学校的学生们，通过自己的学习与观察，不仅限于学会艺术的形式，还要体验大自然各种真实的活动。

他们在几家大报上都刊登了招生消息，说邓肯舞蹈学校是为了招收天才儿童而开办的，目的是把她们培养成大众艺术的信徒。希望所有有天才的孩子都到这里来接受这种特殊的艺术训练。

这所学校的确办得有些莽撞，既没有资金筹划，又缺乏管理规章。这使邓肯的经理人都快被气疯了："我一直在张罗你的环球旅行，这可是一次天赐良机。你在希腊逗留一年已经耽误了不少时间，现在又办什么学校。我告诉你，在伦敦、巴黎那些城市里，有许多人盗窃你的舞蹈杰作，大发其财。你要学会保护自己呀，伊莎多拉。"

但邓肯对这些话不屑一顾。现在，她的学校高于一切。广告一登出来，一批批儿童被父母带着前来报名。有一天，邓肯演完日场回来，发现街上挤满了来报名的家长和他们的子女。

德国马车夫回过头来对她说："那儿住着一个疯女人，在报上登了一则广告，于是一群群孩子都涌来了。"

邓肯根本没有选拔儿童的经验和理论基础。或许她是急于填满那40 张床，因此仅仅看见甜美的笑脸或漂亮的眼睛，就不加选择，一股脑儿地收下了这些孩子。

安排学生课程，规定日常生活，把邓肯整个时间都占满了。她全身心地投入到学校中，每天勤勤恳恳地教这些学生跳舞。

15时至17时进行体操训练。这是形体美的基础。邓肯把孩子们拉到郊野，在河边草地或森林里舒展四肢和筋骨。她一边看着学生的姿势，一边指导着："就像风吹动树枝一样，你的眼睛看到你的内心深处，注意，往内看，那里起风了，在美的阳光下，艺术的和风徐徐吹拂，拂乱你的头发，拂动你的手、脚、腰肢，你随风而动，翩翩起舞。动作要到位，不能中途而止，也不要勉强，顺其自然。风吹到哪里，动作就做到哪里，你的意识、思维完全融进风里去了。"

17时至19时的舞蹈练习，第一课是迈着步子向前慢走，和着简单的节奏。首先极缓，几分钟才准跨出一步。邓肯以此检验孩子们对音乐的感受能力，她要求同学们："必须慢下来，慢得让别人看不出你是在行走，而你的全部意念却都在行走当中。接着，加快。在复杂的节奏中快速行进。最后，跑与跳夹杂，该跑时跑，该跳时跳。你自己就是一个音符，你的跑、跳、行走都有一种节奏，脱离了这个节奏，你的步伐就会乱，你的心里也会跟着乱，舞蹈便无法进行。轻重缓急抑扬，如何达到最微妙的结构上的和谐，使身心合一，乃是你们在训练中要达到的目的。"

邓肯的学校偏向招收贫穷的学生。她说，天才被穷困埋没是这个世界上最可怕的事情。

但事情往往会产生许多负面效应，每一次都得付出代价。邓肯的学校也面临着很大的难题，不仅仅是学费收入不高，而且学校几乎变成了收容所。

穷还不怕，最大的问题是病。孩子们的身体状况异常差。法国当时最好的外科医生霍法叹道："您这儿不像是学校，简直就是一所医院。这些学生都患有遗传性感染。您会发现，您将不得不耗尽心血让她们活下去，操心的程度远远超过您教她们跳舞。"

霍法医术超群，名满欧洲。他的诊费也高得惊人，他从王公贵族、金融巨头那里挣得了大量资金，自己创办了一所专门为贫苦儿童开设的医院。现在，他又主动将邓肯的"学校"纳入了他医院的范围。邓肯戏称他是个收拾烂摊子的高手，他的回春妙手让那些孩子们一个个健康成长起来。

孩子们有了惊人进步。邓肯相信，她们良好的健康状况要归功于霍法医生规定的非常合理的素食。他主张，对于儿童教育来说，无论如何也必须让他们大量地吃新鲜蔬菜和水果，不要吃肉。

借了霍法的功德，邓肯也由"疯女人"一跃变成了全知全能的"圣女"。她在柏林大受欢迎，她的观众是怀着一种绝对宗教式的心醉神迷来看她的演出的。

人们对她的崇拜，甚至到了神化的程度。相传，只要把病人抬进邓肯正在演出的剧场，立马痊愈。这样，每一次日场演出，都可以见到担架把病人抬进剧场的奇怪现象。有些重病人呻吟着"伊莎多拉·邓肯"的名字，而忙得不亦乐乎的却是霍法医生。

一天晚上，当她演出归来的时候，一群学生从她的马车上把马卸下来，自己挽车把她拉到著名的凯旋大道上。

在林荫大道中央，他们要求她发表演讲。邓肯站在敞篷马车上，对这群热情的学生说："世界上最伟大的艺术莫过于雕塑。但是，你们这些热爱艺术的，为什么允许这些东西陈列在你们城市中心呢？你们看看这些塑像吧！你们都是研究艺术的学生，如果你们当真是艺术的忠实信徒，一定会在今天晚上拿石头去把这些塑像砸掉！艺术？它们也算艺术?！不！它们只是德国皇帝的幻影！"

学生们同意了邓肯的意见，高呼着表示赞同。如果不是警察来了，他们一定会按照邓肯的指示，将柏林全城的德皇塑像砸得粉碎。

品尝初为人母滋味

1905 年的一天晚上，邓肯在柏林演出。但她似乎预感到，有一个奇遇在等着她。

尽管和平时一样，她演出时从不注意观众。但她却意识到在前排坐着个什么特殊人物。她并没有去看，或者看见那是谁，但她心理上感觉到这个人就在面前。

演出结束后，果真有一个长得很漂亮的男子来到她的化妆室。

但是，他怒气冲冲，大声对邓肯说："你的舞蹈非常出色！可是，您干吗要剽窃我的思想？你的布景是窃了我的。"

邓肯反驳说："您说什么？这蓝色幕布是我自己的，我发明它的时候才 5 岁。我从小一直都用这种背景来跳舞！"

那人说："不！这是我的布景，我的思想！不过，您正是我想象的在这样的布景中间跳舞的人儿！不可能有这么一致，除非你是我一切梦幻的活的化身。"

邓肯反问道："那！您是谁？"

"克雷格。我母亲也是一位像你一样真正的、优秀的女性，我是艾琳·特里的儿子。"

邓肯的眼前掠过一道强光：艾琳·特里，这是她心目中最完美最理想的女人！她是莎士比亚的旷世知己，将莎剧中的女主角一个个演绎得淋漓尽致，在欧洲具有崇高的声誉。

克雷格本人是当时英国最富有创造性的舞台设计家，他的舞台设计以其"象征的诗意"而创立一个崭新的流派，这位"浑身散发着火光和闪电"的中年人最早冲开了旧现实主义的樊篱，成为莱茵哈特、雅克·科波、斯坦尼斯拉夫斯基的先驱者。

邓肯的母亲说："啊，既然您对伊莎多拉的舞蹈这么感兴趣，请您一定赏光到我家里吃晚饭！"这还是母亲头一遭亲自邀请一个陌生人到家里吃饭。

她与克雷格滔滔不绝地谈起了她的艺术理想。克雷格是一个才华出众的热血男子，他兴奋至极，向邓肯解释着他对艺术的全部理想，他自己的雄心壮志。描绘起他的艺术来，他眉飞色舞、指手画脚。

克雷格身材挺拔，面貌极像他那完美的母亲。近视镜后的眼睛中蕴藏着灼人的热情。周身却有那么点女人味儿，尤其那薄薄的嘴唇很是性感。

他对邓肯说："我是唯一发现您、创造您的人，您是属于我的布景，我的布景。"

邓肯迅速地坠入到与克雷格的爱恋之中。有一段时间，邓肯晚上就住在克雷格的工作室里，那里没有床榻，没有桌椅，只得在地板上睡了两个星期。

克雷格身无分文，邓肯又不敢回家去取钱。想吃饭的时候，他就去赊购一餐饭，让人给送来。邓肯躲在阳台上，等到饭送来以后，再蹑手蹑脚地走进来同他一起吃。

邓肯的母亲急得团团转，她找遍了警察局和大使馆，说女儿被一个坏蛋拐跑了。邓肯的经纪人更是不知所措。大多数观众都转向别处了，谁也不知道发生了什么事情。不过几家报纸聪明地刊登了一条消息，说邓肯小姐患了严重的扁桃腺炎。

两周之后，邓肯和克雷格才回到母亲那儿，想找点吃的东西。克雷格受到了一生中最严厉的斥责："滚！该死的骗子，给我滚出去！"

克雷格为人很风趣，他从早到晚都精神饱满，并常常给人以意想不到的喜悦。他兴趣广泛，充满想象。

可是，他一开始工作，就回到冷静、严肃之中，爱情所唤起的女性的温柔看来已经成为克雷格这个工作狂的绊脚石。他面对着邓肯的时候，越来越多地显露出痛苦的表情，揪住自己的头发，对着邓肯吼道："你是一个讨厌鬼，只会干扰我的工作。我的工作！我的工作！该死的讨厌鬼，你烦不烦？"

邓肯这时也想起了自己的学校，她的激情和克雷格的艺术灵感简直成了一对势不两立的天敌。

尽管克雷格比任何人都更欣赏她的艺术，但他的自尊心，作为艺术家的嫉妒心，根本不允许他承认一个女人的确能够成为一个艺术家。

他常常说："你可以不干了吗？老在舞台上胡乱挥舞你的手臂，没有用的。你应该贤惠地留在家里，给我削削铅笔。伊莎多拉，女人是不可能成为艺术家的，你要相信这一点。"

邓肯反驳说："胡乱挥舞，你对舞蹈就是这样理解的吗？我留在家里是贤惠，但舞蹈呢？对舞蹈就是一次残忍的背弃。克雷格，你太自私了。我就是艺术家，而你不一定是，如果你抱着这么庸俗的观点。克雷格，我不只是你布景中的一个人物，或者一种装饰，我属于舞蹈，舞蹈就是我的生命。你不能理解它就无法接受我！"

同时，他们的行为在社交界引起轩然大波。伊丽莎白为舞蹈学校组成了一个委员会，由一群贵妇人组成。当她们知道了邓肯跟克雷格的风流韵事后，便给她送来一封信，以庄严的措辞表示谴责。

这些女人大大地激怒了邓肯。于是，她借了爱乐协会的大厅专门作了一次讲演，专讲舞蹈是解放了的艺术，最后讲到妇女享有自由恋爱和自由生育的权利。

一直以惊人的毅力忍受着种种艰辛的邓肯母亲，开始觉得生活非常没有意义。也许是由于她的爱尔兰人性格，对于成功不能像经受灾难一样坚毅，她的脾气变得喜怒无常。她常常心情不好，什么也不能叫她高兴。从离开美国以来，她第一次开始表露出想念美国的情绪，并且说那儿的一切都好得多：食物，还有别的，哪儿也比不上。

母亲这么多年来，把精力全部献给了自己的孩子们，而现在他们忙于各自的利益，离她也就越来越远了，于是她觉得枉费了自己全部大好年华，却没有给自己留下任何东西。而且因自己年岁渐大，怕成为子女的拖累，这种变化无常的心情有增无减，她经常表示想回美国老家。

邓肯和伊丽莎白姐妹俩把她送到了码头。她们含泪告别。母亲在甲板上看见邓肯伏在围栏上呕吐不已。她大声喊道："伊莎多拉，你怀孕了，注意身体。"

邓肯对怀孕溢满了幸福的感觉。她渴盼着孩子降生后会带给她快乐和劳累。

她仍然继续在公众之前跳舞，教她的小学生，爱她所爱的人。

但克雷格显然对邓肯的怀孕措手不及，他十分烦躁，坐立不安，嘴里叫嚷着："我的工作，我的工作。"

1906 年的春天到了，邓肯签订了一个合同到丹麦、瑞典、德国各处旅行表演。她不得不这样做，因为学校的费用太大了。她把全部的储蓄都用在了学校上，但仍然不够。

在瑞典首都斯德哥尔摩，邓肯受到了观众的热烈欢迎。首演结束后，体育学院的女学生们送她回旅馆，一路上在她的马车旁边跑着跳着，表达她们的欢乐。

邓肯参观了她们的体操学校，很不赞成她们的那种训练方法，她觉得瑞典那种锻炼身体的方法，只是为静止的呆滞的身体制定的，而没有考虑到活动的身体。这是一种错误的方法，没有顾及想象，把身体当成一个物体，而不是一种活力量。

她把她的观点尽力解释给学生听。但是她们却未理解她的理论。

在斯德哥尔摩成功地演出了一季以后，由于身体的原因，邓肯终止了她的演出，6 月，匆匆看了看舞蹈学校后，邓肯急于想到海滨去。她首先到了海牙，接着从那里到了北海海滨的一个叫拉德维克的小村。她在那里租了一所小别墅。

邓肯以为生孩子是一个完全自然而然的过程。她搬到这间离最近的一个城镇都有 100 多千米的别墅里，而且只请了一位乡村医生为生孩子做准备。

时间慢慢地过着，邓肯完全一人独自生活，不会见客人。每天在海滨散步。

她一直渴望见到大海，现在一个人住在小小的白色别墅里，美丽的乡村两侧是连绵数千米的沙丘。

晚上，邓肯躺在床上，感觉着肚子里胎儿的活动，回味着夹杂在阵痛中的甜蜜。

她现在有时间就回想自己少年时、青年时在异国的漂泊，还有对舞蹈艺术的发展。

邓肯独自以大海、沙丘和肚子里的孩子为伴。她从 6 月一直住到 8 月。期间，一直是姐姐代她负责管理着舞蹈学校。

7 月间，她在日记本上写下了学校教学的各种设想，还编出了一整套 500 多个练习，这些练习包括从最简单到最复杂的正规的舞蹈动作。

母亲因为不能接受女儿不结婚便生孩子的事实，因此也没有来侍候邓肯。

8 月间，邓肯非常好的朋友玛丽·德斯蒂前来看护她。邓肯从来没有遇到过这样耐心、和蔼、好心肠的人。玛丽给了她莫大的安慰。

9 月的一天下午，阵痛持续了两天两夜，依然不见动静。那位乡间医生在边上耐不住了，他一不做，二不休，拿了一对大夹钳，麻药都不用，就把婴儿强行拽出。

在这次经历中，邓肯险些丧生。经过生与死的挣扎，她终于享受到了为人母的快乐与甜蜜。这是一个女孩，有着一双与爱神一样的蓝眼睛，棕色的头发。

孟子的到来使邓肯忍受了一切，也忘记了一切。在最初的几个星期内，邓肯总是靠在床上，把孩子搂在怀里，久久地侧躺着，看着她睡。从这可爱的婴儿凝视母亲的目光中，邓肯觉得非常接近生命的玄妙边缘，领悟到生命的奥秘，也许是生命的知识。

邓肯的全部心灵都被一种伟大的爱占据着，这就是宇宙间最伟大的爱——母爱。

身体恢复正常后，邓肯带着女儿和玛丽·德斯蒂一起回到了格吕内瓦尔德的舞蹈学校。学校里的女孩们看见了小宝宝都高兴得不得了。邓肯对伊丽莎白说："她是我们最小的学生。"

克雷格给他们的女儿起了个爱尔兰名字迪尔德，是"爱尔兰所爱"的意思。

巡回演出回到祖国

女儿的出生，弥补了一些邓肯与克雷格之间的裂痕。邓肯一边带孩子，一边力撮克雷格和著名舞蹈家埃莉诺拉·杜丝合作。她认为，最富创造性的舞台设计家与最有活力的舞蹈家的联手，一定能给舞蹈事业拓展更加广阔的前景。

但是，在克雷格和埃莉诺拉·杜丝的相处中，更多的却是争吵与不愉快。虽然邓肯的极力斡旋使局面一度有所改观，但固执的克雷格和孤傲的杜丝还是一拍两散。

邓肯在德国的学生们现在已经跳得相当不错了，这更坚定了邓肯的信仰，要完成一个谐乐的舞团，这种舞团的形式，要吻合着谐乐的声音。但是随着时间的推移，学校却步履维艰，开支越来越大造成资金匮乏。

邓肯不得已之下，就想把她们带到各国旅行表演，看是否能有哪国政府认识到这种儿童艺术教育的光明前途，进而大规模地推广这种教育计划。

每次表演之后，邓肯都会做公开演讲，请他们帮助，能使自己的计划得以实施，进而给更多的人的人生带来光明。而邓肯也渐渐明白，在德国她是得不到帮助的，保守的德国皇后容不得新生事物的萌芽。

德国皇后去参观雕塑家的工作室时，总要派她的御前侍卫在她驾到前把那些裸体雕像全部用布遮盖起来。她对于邓肯所创造的尽情展示人体之美的舞蹈极不赞同，更不喜欢邓肯经常穿着极薄的舞衣、赤着脚在台上表演。

恰在这时，圣彼得堡一位演出经理向他们发出邀请。他问邓肯是否准备重登舞台，并且表示要跟她签订一个在俄国巡回演出的合同。当初在俄国的表演非常受欢迎，并且在那里挣了很多钱。她想在圣彼得堡或许有发展她的舞蹈学校的可能。

1907年1月，邓肯同姐姐伊丽莎白带着20个学生一道去了圣彼得堡，希望奇迹能在沙皇统治下的俄国发生。

这次旅行对邓肯来说是难受的。第一次与孩子分离，令她黯然神伤。她的健康状况不怎么好，婴儿又刚刚断了一半的奶，不得不用吸奶器把乳汁从乳房里吸出。邓肯为此掉了许多眼泪。

俄国观众一如既往热情地接待了她，不计较演出中出现的毛病。在跳舞的时候，奶水经常顺着舞衣流下来，搞得她狼狈不堪。邓肯流着泪长叹：女人要做一番事业是多么艰难啊！

这次试验没有成功。她们的全部信心，来自斯坦尼斯拉夫斯基。但是，皇家芭蕾舞剧团在俄国根深蒂固，难以动摇，任何变革都是不可能的。

在俄罗斯巡回演出过程中，邓肯一心惦记着回佛罗伦萨。因此，她尽量缩短巡回演出的期限，并且接受了到荷兰巡回演出的合同，因为这样可以离她的学校、离她渴望重逢的人们更近一些。

到达阿姆斯特丹登台演出的第一天，一场病把她的身体搞垮了。演出结束时，她扑面跌倒在台上，被抬回了旅馆。她在旅馆里躺着，人们给她裹上冰袋。

她躺了好些日子。在几个星期里，她什么也不能吃，只是喝一点儿掺麦片的牛奶，一阵一阵昏迷不醒，最后不省人事地睡去。

母亲赶来跟她做伴。玛丽也带着小宝宝来了。孩子很健壮，长得一天比一天漂亮。她们搬到沙隆山去住，在那里可以一面眺望大海，一面仰望山巅。

这段时间，邓肯的身体逐渐恢复了。但生活的担子比过去更重，经济空前困难。为了解决困难，邓肯必须尽快回到荷兰去巡回演出，虽然她感到身体很虚弱，精神也很沮丧。

而且邓肯这时也意识到，她和克雷格的分离不可避免了。和他一起生活，就是放弃她的艺术、她的个性，也许还得断送她的性命，丧失她的理智。邓肯陷入深深的痛苦之中。

1908 年夏天，邓肯又带着她的学生去了伦敦，在著名的歌剧经理舒曼和佛那曼帮助下，在雅克公爵戏院里，表演了好几个星期。

演出的效果倒是相当不错，伦敦的观众也认为她的舞蹈和她的学校是一种相当有趣的娱乐，但在办学校方面，却不肯给她实际的帮助。

钱又花光了。邓肯只得又把她的学生带回学校。

随后，邓肯和经纪人签订了一个去美国演出的合同。这样，她必须离开自己心爱的小宝贝迪尔德，小家伙快 2 岁了，金发碧眼，胖乎乎的。这对于她实在是非常痛苦的。

邓肯站在远洋巨轮的甲板上，自从一家人搭乘牲口船离开纽约以来，已经 8 年过去了。邓肯已经驰名欧洲。她创立了一种艺术，一个学派，还创造了一个小宝宝，成绩不坏。然而，就经济情况，她却并不比以前富裕多少。

这一切，不是命运的安排，也不是定数使然，而是漫漫求索的合乎逻辑的结果。

邓肯不由想道："母亲说过：'上帝是大人假扮的。'我也是大人了，我也可以扮作上帝，不，我就是上帝。"

然而，1908 年 8 月，邓肯不得不在炎炎夏日里登台表演，作为百老汇的精彩节目，却是在一支又小又不顶用的乐队的伴奏下，表演格鲁克的音乐和贝多芬的第七交响曲。结果不出所料地彻底失败了。

本来少得可怜的观众都陆续退出了演出大厅。他们不认为舞蹈不好，但是觉得没必要为了看舞蹈而耽搁自己的事，比如做生意、打工、赌博等。

邓肯感到，回到祖国来实在是一大错误。一天晚上，她正坐在化妆室里，心情特别沮丧，这时听到一个亲切悦耳的声音向她祝贺。她抬头一看，一个人正站在门口，他个子不高，一头棕色鬈发，满面笑容，和蔼可亲。

他热情地向邓肯伸出手，说对她的舞蹈很有好感，说他对邓肯的艺术产生了极好的印象。他就是美国著名的雕塑家乔治·格雷·巴尔拉德，他以雕塑亚伯拉罕·林肯而青史留名。

巴尔拉德诚恳地说："伊莎多拉·邓肯，你是青年美国的象征。你的舞蹈就是美国在舞蹈。美国人不理解只是暂时的，你不要离开。我总有一天要让美国人明白，邓肯的舞蹈就是我们自己的舞蹈。"

邓肯被巴尔拉德深深地感动了，她没有听从经纪人的劝告返回欧洲，而是继续留在了美国。本来弗罗曼看到在百老汇演出失败惨重，便试图安排她到一些小城市去巡回演出。但是，这次巡回演出也安排得很不好，结果比纽约的演出失败还要惨。

弗罗曼说："美国不了解你的艺术，你的艺术远远超出了美国人的接受能力，他们永远不会理解你的艺术。你最好还是回欧洲去吧！"

此后，巴尔拉德每天晚上都来观看邓肯跳舞，还来了许多艺术家、诗人和其他朋友。这些人中有舞台演出人戴维·贝拉斯科、画家罗伯特·亨利、乔治·贝洛斯、珀西·麦凯耶、马克斯·伊斯特曼，格林威治村青年革新派简直可以说全部都来了。

另外，来人中还有形影不离的3位诗人：爱德温·艾灵顿·罗宾逊、里奇利·托伦斯和威廉·沃恩·穆迪。这些诗人和画家们向邓肯表示的友好祝贺和热情鼓励，大大地振奋了她的精神，抵消了纽约观众的冷淡无情。

巴尔拉德为邓肯找到了一个人就解决了所有的问题。那就是侨居美国的德国作曲家、指挥家沃尔特·丹罗希。

他是纽约交响乐团的音乐指导和首席指挥。他对邓肯说："我看过了你的那场演出，主要是效果没出来，问题出在乐队上。那支乐队又小又糟，根本不能与你的舞蹈相提并论。我安排你到大都会歌剧院连续演出，我亲自指挥，怎么样？"

邓肯感激万分："那太棒了！"

丹罗希为邓肯的演出，拉起了一支80人的大乐队。场面顿然改观。第一天表演的时候，弗罗曼想找一个包厢，但是发觉全院都已经满了。这次经验证明，不管那位艺术家多么伟大，如果没有合适的环境，即使是最伟大的艺术也会化为泡影。

邓肯在台上，随着那个有80个队员的乐队跳舞的时候，实在有无法形容的快乐，她全身的每一根神经都跟乐队、跟指挥息息相通，连成一体。

乐队恢宏的气势，丹罗希雄壮的指挥，使邓肯的舞蹈犹如一叶张满的风帆，在音乐的海洋里破浪而行。邓肯感觉内心有一种伟大的力量，听着音乐，然后布满于全身各部，想发泄出来。

有时这种力量非常强大，震撼得她的整个心灵差不多要爆裂了，她忧愤满心，伸出手求上天的帮助，但得不到反应。她成了表现乐队情绪的一个中心，从她的心灵中射出许多光芒，与乐队相连。

在舞台上，邓肯偶尔望见下面丹罗希袒露的巨大额头，感到自己的舞蹈恰如雅典娜的诞生，全副武装地从宙斯的头颅里蹦了出来。

乐队中有一个吹箫的独吹着"奥非斯"曲中的"快活之灵"，曲调异常悲凉，以致邓肯呆立在台上，眼泪情不自禁地流了出来。

1908年11月15日的《太阳报》星期天增刊上，登载了一篇详细描述邓肯表演的长文：

她从腰部以下裹着一幅美妙的带有中国刺绣的纱罗。她那短短的、乌黑的头发蓬蓬松松地卷在裸着的颈后，自然地分开，披拂在两颊旁边，像圣母一般。她的鼻子微微翘起，眼睛是灰蓝色的。

许多关于她的新闻报道谈到她的身材高大优美犹如成功的艺术品，而实际上她只有5.6尺高，体重125磅。

"像这样的舞蹈用不着音乐，"她说，"除非是像潘神从河边砍来的芦管吹出来的那种音乐，恐怕只要一管长笛、一管牧人风笛就足够了。其他的艺术绘画、雕塑、音乐、诗歌，都已经把舞蹈远远抛在后面，舞蹈实际上已经成了一种失传的艺术。如果试图把舞蹈与另一种远远走在前面的艺术和谐配合，那是困难的、不协调的。我贡献出我的一生，就是为了使这种失传的舞蹈艺术得到新生。"

她开始讲话的时候，是站在靠近正厅那些诗人坐的地方，而当她结束讲话的时候，已经在大厅的另一头了。简直无法知道她是怎么到那里去的。但是你想想她的朋友艾琳·泰瑞就明白了，后者像她一样，对于空间是毫不介意的。

她再也不是疲惫不堪、愁容满面的女主人了，而是成了一个从一片破碎的大理石中从容自在地走过来的异教精灵，似乎那就是她在世界上要做的最明白不过的事情。

也许她像希腊神话中的海中女神加拉提，因为加拉提在解放出来的最初瞬间，一定是跳着舞的；她又像是披着头发的女神达英尼，在德尔斐树林中，从阿波罗的拥抱中挣脱出来。你刚这样想，她的头发就披下来了。

无怪乎她这些年站在埃尔金大理石上供英国贵族们娱乐，而又遭到他们半信半疑的眼光，实在叫她厌倦。现在，在你眼前出现的，是一系列的塔纳格拉的塑像，是雅典神庙的队列，是骨灰瓮和墓碑上戴花冠的悲哀女神，是酒神女祭司的放浪形骸。看起来你们是在观看她，实际上你们观看的是人为技艺尚未插入之前人类天性的全部活动景象。

她整个的一生都在努力寻找许多年代以前失落掉了的那种在悠久岁月的迷宫中丢失了的淳朴自然。

在我们现在称为异教的远古时代，每一种感情都有适当的表现动作，灵魂、肉体、思想浑然一体，合作协调。雕塑家捕捉住和表现出来的那些古希腊男女的形象，简直不像是人工斧凿出来的坚硬大理石，你几乎可以说出他们想跟你说什么话，只要他们开口，即使他们不开口，那又有什么关系呢？因为你心中已经完全明了。

然后，她不再说话，又跳起舞来了，手里拿着酒杯，变成了一个舞蹈的精灵、一座琥珀的雕像。时而高擎酒杯向你敬酒；时而把玫瑰花瓣撒在雅典神庙之前；时而在爱琴海紫红色的波浪顶尖上游泳。

美是真理，真理是美，世间的一切便包括在此。

你在世间所知道的，你所需知道的，只此而已。

《艺术》杂志的编辑玛丽·范东·罗伯茨的评论则体现了邓肯的祖国对她的舞蹈艺术所能理解的深度：

当伊莎多拉·邓肯翩翩起舞的时候，人们的精神仿佛回到了远古时代。

那时，人们以形体之美作为自由表现灵魂的手段，运动的韵律和声音的韵律融合为一，人体的动作与风和海洋的运动协调一致，女人手臂的姿势犹如玫瑰花瓣的开放，她的脚踏过草地，好像树叶飘然落地……

在首都华盛顿演出，又碰到了一些麻烦事。原来，几位闻讯而来的政府部长们，极力反对邓肯的这种舞蹈，语调颇为激烈。

但是有一天下午演出的时候，包厢那边突然人头攒动，气氛紧张而又热烈。邓肯忙问发生什么事了。

丹罗希兴高采烈地说："伊莎多拉，尽情地跳吧，罗斯福总统亲自来啦！这可是个机会，就跳给他看。"

真的是罗斯福总统，他的圆脑袋在包厢里分外醒目。旁边那些人大约是警察，面部严峻，目光锐利，令人胆寒。

罗斯福很喜欢邓肯的表演，在每一个节目演完后，总是带头鼓掌，他在写给朋友的一封信中说：

这些部长们从伊莎多拉的舞蹈中能找到哪些害处呢？在我看来，她像是一个在晨曦沐浴的花园里跳着舞、采摘着想象之花的天真无邪的孩子。

罗斯福总统这段话，被许多报纸登载，使那些保守的说教者们大为羞愧，而大大地帮助了邓肯的巡回演出。随后她所到之处，等待着她的，都是鲜花和掌声。

巴尔拉德正在为邓肯雕塑一尊舞蹈石像，题目都取好了：美国在舞蹈。他从邓肯口口声声念着的惠特曼的诗句"我看见美国在舞蹈"中得到了启发。

可是，没过多久，巴尔拉德的妻子病倒了，塑像工作被迫停止。"美国在舞蹈"一直是个半成品，但巴尔拉德还是抓住了邓肯舞蹈的本质，把瞬息的闪电传之久远。

虽然在美国的表演越来越顺，纽约银行邓肯名下的存款额也在往上猛涨，但邓肯还是决定要回欧洲了。她想念着她的女儿和她的学校，这种思念不可遏制。

为了理想艰难抉择

邓肯回到巴黎的时候，伊丽莎白带着学校的 20 个学生和可爱的小宝宝来迎接她。

邓肯已经有半年多没有见到她的小宝贝了！当婴孩看见她的时候，用奇怪的眼色望着她，然后哭了起来。邓肯也喜极而泣，她一下子把孩子抱在怀里。这一刻，她心中涌起不可名状的快乐。

学校的孩子们都长高了，这也令邓肯欣喜不已。这真是一次美妙的重逢，他们一起跳舞唱歌，玩了整整一个下午。

著名艺术家吕尼·波负责接下来邓肯在巴黎的演出事务，他曾把埃莉诺拉·杜丝、苏珊·德勃雷和易卜生引荐给巴黎。他为邓肯订下了欢乐剧场，并且请了科隆乐队，由科隆指挥。

结果，这次表演轰动了全巴黎。一些大诗人，如亨利·拉维丹、皮埃尔·米尔、亨利·德·莱尼埃等，都热情洋溢地写了赞美邓肯的文章。

巴黎展开灿烂的笑脸，迎接了邓肯一行人。她的每一次演出，都坐满了艺术界、知识界的名流。那时，邓肯似乎快要实现自己的梦想了，她开办学校的渴望看来也极易实现。

在丹东路 5 号，他们租了两个大套间，邓肯住在一楼，学生们和保育员住在二楼。

有一天上午，演出前夕，一场惊吓，让邓肯深切地体会到了孩子与母亲的血肉相连。她的小宝宝突然噎住了，并且咳嗽不止。邓肯怕孩子患了可怕的喉头炎，她急得双腿发软，站都站不稳。

她赶紧叫了一辆出租汽车，跑遍了巴黎，终于找到了一个著名的儿科专家。他慨然应允跟她一起到她的住处，并很快就让伊莎多拉放了心，说这不是什么大病，只不过是普通的咳嗽而已。但邓肯的心还悬着，放不下来。她太喜欢自己的孩子了，要是孩子有个三长两短，她可就活不下去了。

演出由此推迟了半个小时。科隆乐队在欢乐剧院里不停地演奏音乐，以安慰耐心等待着的观众。

邓肯正在化妆台前化妆，准备下午表演，这时，侍女拿了一张名片进来，邓肯一看，原来是有名的大富翁帕里斯·辛格。

前些日子，邓肯的银行存款又花光了。40 个孩子，20 个在德国，20 个在巴黎，使邓肯差不多都要崩溃了。

有一天，邓肯开玩笑地对伊丽莎白说："无论我的舞多么轰动，也赚不到一笔可以永久性维持这所尽是穷孩子的学校。我一定要找一个百万富翁，让他把我从经济的困扰中解放出来。不然的话，学校难以为继。"

现在，她所期盼的百万富翁真的出现了。

来人身材高大，鬈发秀美，留着短短的胡须。邓肯突然产生了一种奇异的感觉：这个人似曾相识。在哪儿见过呢？好像是在梦里见过。

她猛然记起了波利尼亚克亲王的葬礼：当时她还是个小姑娘，哭得很伤心，初次参加法国丧礼，还不习惯。亲王的亲属排成长队，站在教堂旁边的过道上。

有人把她向前推，"得去握手！"他们小声说。于是，为了克制失去这位亲爱的朋友的悲伤，邓肯和这些王亲们一一握手。她记得她突然看到一个人的眼睛，那人就是现在站在她面前的这位高个子。就是他！

邓肯一激动，就喊出了"罗红林"这个名字。"罗红林"是德国古代诗史中，天国帕西发尔王的儿子，是圣杯的卫护士。他能破各种魔法，常常仗义救人。瓦格纳曾以此为题材创作过同名歌剧。邓肯把来访的美男子看成是她和她的学校的救命稻草，后来邓肯一直称呼他罗红林。

罗红林这时对邓肯说："你不认识我，但我是常常称颂你的艺术的。我很钦佩你的艺术，你开办学校的那种勇气。我是要来帮助你的。我可以替你做什么呢？譬如，我可以把你这班跳舞的小孩子带到海滨尼维拉的那个小别墅里，在那里创作你的新式舞蹈。费用方面你不用操心，完全由我来负担。你已经做了很伟大的工作，一定心力交瘁了，现在让我来替您挑这副担子。"

邓肯感激万分。罗红林的确非常慷慨。一星期后，就将她学校里的孩子们悉数运到尼维拉海滨的博利欧别墅，让邓肯在充满阳光，优美、安静的环境中教孩子们跳舞。

罗红林一袭白衣站在一旁，饶有兴味地观赏。他还指着远处他自备的白色快艇对邓肯说："这个艇原名亚利西小姐，不过现在恐怕要改名为彩虹女神。"

孩子们穿着轻飘飘的蓝色舞衣，双手捧着鲜花和水果，在柑子树下跳舞。

罗红林对孩子们和蔼可亲，关心每个人，生怕她们过得不舒适。他对孩子们的这种热忱，使邓肯不仅对他充满感激之情，还产生了新的信任感。

邓肯和孩子们住在这间别墅里，而罗红林则住在尼斯一家很豪华的旅馆里。有时他请邓肯过去和他一起吃饭、开舞会。

一天晚上，学生埃里卡患急性喉炎，脸憋得发紫，已经窒息，生命危在旦夕。罗红林开车直奔医院，用重金请来了医学权威，进行紧急会诊。邓肯和他在门外等着，两人的眼里都蓄满了焦灼的泪水。直至黎明，医生才出来，宣布小埃里卡脱险。邓肯随即全身瘫倒在走廊的长凳上。

罗红林紧搂着她说："你真勇敢，亲爱的。哪怕只为了这一个晚上，这一次难忘的经历，我也要永远爱你。"

有一天，罗红林提议邓肯和他一起乘着"彩虹女神"号出海游玩。邓肯带上女儿登上了"彩虹女神"号，向着意大利驶去。

他们在潘沛依上了岸，在那儿玩了一天。罗红林突然进出一个非常浪漫的想法，让邓肯在月光中到博登神庙去跳舞。

罗红林随即去雇了一支那不勒斯小乐队，让他们到神庙那儿去等他们。那天正好赶上一阵夏天的暴风雨，大雨倾盆，一连两天游艇出不了港。当他们最后到达博登神庙时，全体乐师已经在神庙的台阶上足足等了他们 24 个小时，全身都湿透了。

罗红林叫来了几十瓶酒，一只烧羊羔。他们按照阿拉伯人的方式用手抓羊肉吃，款待受了苦的乐队。

就这样，邓肯和罗红林乘着"彩虹女神"号过了一段奢侈的生活。但在游艇上，邓肯就意识到了苦难与幸福是如何不可分割地纠缠在一起。她对眼前这位百万富翁的期盼，远远不止他发自内心的对她个人的爱，而是和她一样，对舞蹈的热爱，对办一所伟大的舞蹈学校的热衷。而罗红林却不是这样。

当邓肯在游艇上大谈柏拉图，谈卡尔·马克思，谈改造世界时，罗红林面色阴郁，一言不发，他似乎对与一名如此狂热的革命者打得火热感到恐慌。

邓肯继续毫无顾忌地朗诵起惠特曼的诗《大路之歌》。可是，当她抬头一看，却惊讶地发现他那漂亮的面孔都气得变了形："什么乱七八糟的！这伙穷骨头永远得饿肚子！"

"但是，你难道看不出，他憧憬着自由美国？"

"滚它的憧憬吧！唯恐天下不乱！我可不希望什么'毁灭和失败'，我在美国有十几家工厂，那是我的命根子。"

邓肯突然明白，他对美国向往的只是使他大发其财的那十几爿工厂："你的眼里就只有钱?"

罗红林淡淡地说："我对钱并不在乎，但没有钱也不行的，除了爱情在这个世界上是无价的，其他都可以用钱买到。"

邓肯选择了沉默。

罗红林还想继续在地中海航行，但邓肯想起了和俄国经理人订下的演出合同。虽然自己对这次演出很勉强，但她还是决定遵守合同："我要回去。"

"又想你的学校了?"

"我的心里一刻也没有忘记学校。何况，我对这种生活感到很不安。你看，为了我们两人的享乐，船上动用了 50 名水手，十几个伙夫，这样太放纵了。"

"我给他们钱。他们巴不得你多玩几天。"

"但是我不舒服。"

结果两人不欢而散。罗红林赌气还在地中海航行，邓肯上岸旋即又去俄国演出。

母爱涌动再生一子

邓肯这次到俄国巡回演出，和往常一样顺利成功。但是，中间发生了一件可悲又可笑的事情。

当时正好克雷格也在那里，克雷格对邓肯与罗红林的关系了如指掌，他怀恨在心。一天下午，克雷格来看邓肯。在那一瞬间，她几乎相信，无论是学校也好，罗红林也好，都不在话下，重要的只是与克雷格重逢的喜悦。

当时，克雷格正在为斯坦尼斯拉夫斯基艺术剧院上演的《哈姆雷特》创作背景。

邓肯感到，他依旧是那么迷人，那么有魅力。在他们就要动身去基辅的最后一天晚上，邓肯设便宴招待斯坦尼斯拉夫斯基、克雷格。邓肯的女秘书也在场。

吃饭过程中，克雷格问邓肯是否打算离开罗红林，留下来跟他在一起。由于她没有马上回答，他竟然大发脾气，一把把她的女秘书从椅子上抱起来，带到另一个房间，把门锁上了。

斯坦尼斯拉夫斯基当时吓得面如土色，竭力劝说克雷格把门打开。当他看到劝说无效时，他们只好赶到火车站去，但是火车已经在10分钟以前开走了。

邓肯深感伤心和绝望，克雷格，曾是她心目中的白马王子啊！丑恶的心灵怎么会配上一副如此俊俏的外表呢？邓肯只好一个人坐火车先期赶到基辅，等了几天，那位可怜的女秘书才面色苍白地赶到，并与邓肯一起返回巴黎。

邓肯回到巴黎，罗红林在车站接她。罗红林经常带着邓肯出入巴黎最豪华的场所。他出手阔绰，使侍者们就像侍奉国王那样侍奉他。所有的饭店领班、所有餐馆的厨师争先恐后地向他逢迎讨好。

借他的光，邓肯了解了许多种菜的做法和味道的区别，也知道了各种酒存放的最佳年代。邓肯也开始出入于最时髦的时装店，看得她目眩神迷。在此以前，她总是穿一件小小白色舞衣，冬天是毛的，夏天是亚麻的，现在却要定做华丽的衣衫，还要穿戴起来。邓肯开始从神圣的艺术转入世俗的艺术。

那个夏天，他们是坐着游艇到布列塔尼附近的海上度过的。海上时常波涛汹涌，罗红林很不适应航海，经常晕船，吐得脸都发绿了。在邓肯看来，有钱人的享受不过如此。

9月，邓肯带着孩子和保姆去威尼斯，和她们一起待了几个星期。秋天的意大利多姿多彩。

有一天，邓肯独自坐在圣马可大教堂里，凝视着金色和蓝色的圆屋顶，以及圆屋顶上的彩色浮雕。忽然，她仿佛看到一张小男孩的面孔：眼睛蓝得像那天和罗红林在一起时看到的地中海，纯粹的清澈的蓝，是招引；一头金发像光环似的围在头上，是呼唤；盈盈的微笑，是盼望。

然后，她到里多海滩，跟小迪尔德坐在那儿玩。邓肯一连数日陷入沉思。在圣马可大教堂的那种幻想，使她的心情充满着快乐与不安。她知道，她渴望着与罗红林生一个男孩。或者，从此她就做一个贤妻良母，去过普通妇女的生活。

但是另一方面，她又极端热爱她的艺术，她的工作和学校。

于是，邓肯又觉得：眼前的人世生活与自己的艺术梦想相比，实在是个累赘。在这样六神无主的精神苦恼中，她到米兰去找一位当大夫的朋友，就这个问题请教于他。

"咳，那是不可能的！"这位医生大声说，"伊莎多拉，你是绝无仅有的艺术家，竟然又要冒险生孩子，这有可能使世界都不能再欣赏到你的艺术，这根本不行。请你接受我的忠告，不要干这种违反人道的事！你一定要想清楚。"

邓肯仍然犹豫不决。她一方面觉得自己不应让身体成为生产的工具，而应为艺术服务；另一方面，她心中涌动着无法抑制的母爱，她极渴望再生一个像天使一般的儿子。

一个小时后，邓肯终于清楚了。她坚定地说："不，我相信生活，相信爱情，我要服从神圣的自然法则。"

回到威尼斯，邓肯手里抱着迪尔德，轻声地对她说："你快有一个小弟弟了。"

迪尔德高兴地拍手笑道："啊，真好，真好！"

邓肯马上给罗红林发了一封电报。他立刻赶到威尼斯。同时，邓肯和沃尔特·丹罗希订了第二个演出合同，10月份乘船去美国演出。

罗红林从来没有到过美国，因此非常高兴。他订了船上最大的一套房舱，而且每晚都印有特别的菜单。他们的享受不啻王侯。邓肯想："跟百万富翁一起旅行确实省事。"

在赴美演出中，邓肯的每一个动作都回应着波提切利的名画《丰收大地》《怀孕的优美三女神的舞蹈》《怀孕的和风女神》《圣母玛丽亚》等，她不断地展示那些画面，她的眼前一片光明，那是新生命的光辉，是人类未来的光辉。

这次美国旅行对于邓肯来讲是最愉快、成功和顺利的。因为有了钱，就能赚更多的钱。

直到1月的一天，一位太太到化妆室来，很不安地大声对她说："亲爱的邓肯小姐，坐在头排的观众把你的肚子瞧得一清二楚。你可不能像这样继续下去啊！"

邓肯的体态已经不适宜演出了，于是邓肯又回到了欧洲。奥古斯丁和他的小女儿也和他们一起回欧洲，他已经同妻子分居了。

为了休息好，罗红林带着她来到了尼罗河。他们租了河上一条大帆船，逆流而上，向文明的源头驶去，向生命的源头驶去。

在埃及，邓肯看到了紫色的晨曦，艳红的晚霞，金色的沙滩，古老的庙宇。埃及，给予了邓肯美妙的平静，也让她感情与感觉的触角深入到了最底层。她从贫瘠中看到了文明之光，从穷困中看到了富丽之花，从劳动中发现了生命之美。

一行人回到了法国，他们在维尔弗朗什登岸。罗红林租下了一座宽敞壮丽的别墅。这座别墅有层层平台顺坡而下直达大海。他还是那样性急，兴冲冲地在弗拉角买下了一块地皮，打算建造一栋巨大的意大利式城堡。

1910 年 5 月 1 日清晨，在充满阳光的地中海滨，儿子帕特里克诞生了。

迪尔德走进妈妈的房间，高兴地说："啊，弟弟多可爱啊！妈妈，您别为他操心，我要天天抱着他，照看他。"

逃离家庭甘做异端

从地中海之滨回到巴黎后，罗红林请示邓肯："要不要举行一次盛大宴会。请请你所有的朋友，并且可以开一个节目单，由你全权处理节目安排。"

邓肯觉得，有钱人似乎从来不知道怎样娱乐，如果他们举行宴会，那也和贫穷的看门人请客吃饭一样，没有多大区别。

而按照她的想法，如果一个人有钱一定要花钱让他的朋友们高兴，她说："我这样设想，客人们在16时到达凡尔赛。在那里的一所花园里，准备了大帐篷，帐篷下面有各式各样的食品，从鱼子酱、香槟酒到茶和点心，应有尽有。

"然后，在一大片空地上，科隆乐队由皮埃内指挥演奏理查德·瓦格纳的作品。音乐会以后，是一场丰美的正筵。一道道山珍海味、珍馐佳肴，客人们一直吃到半夜。园地里处处灯火辉煌，如同白昼，人们和着维也纳乐队的曲子跳舞，直到将近天明。"

于是邓肯的愿望实现了。

所有的巴黎社会名流和艺术家都出席了这次宴会。有钱阶级的生活并不能让邓肯舒坦。

一天，罗红林愁容满面地对邓肯说："伊莎多拉，既然人都是要死的，那活着又有什么意思呢？"

邓肯说："如果一个人不会死，永远活着，那才没意思呢！活的意义就是死给予的，因为人要死，而且不知什么时候就死了，所以你必须抓紧时间做一些有意义、有意思的事情。"

罗红林突然提出："我觉得现在最有意思的事情就是结婚。伊莎多拉，我们结婚吧！"

邓肯一向是不赞成婚姻的，尤其是母亲婚姻的悲剧，给她一生留下了沉重的阴影，她在心中始终对结婚抱有一种反感。同时她觉得她的一生是为着艺术存在的，她应该保持着自由的身体。

于是，邓肯回答说："一个艺术家结婚，是一件很愚蠢的事。和一个艺术家结婚就更愚蠢了。我是要环游世界的，你怎么能一生老是坐在包厢里看我表演呢？"

罗红林反驳道："不，要是结了婚，我们就用不着环游世界了。"

"那我们干什么呢？"

"你可以在伦敦我的家里，或者在乡下我的别墅里，过快活的日子。"

"那日子怎么过才算快活呢？"

"散散步，坐游艇，干啥都可以。你试3个月，要不喜欢才怪。"

于是，那个夏天他们就搬到德文郡去了。罗红林在那里仿照凡尔赛宫和小特里安龙宫建造了一座极为出色的大别墅。里面有很多卧室和浴室，许多客厅，车库里还有14辆汽车，港口有一艘游艇。这一切全归邓肯支配。

但是邓肯没有想到，英国的夏季整天下雨。英国人对此似乎毫不在乎。他们起床之后就用早餐，吃鸡蛋、咸肉，或者火腿、猪腰子、麦片粥，然后披上雨衣，踩着泥泞到乡下走走。直到午饭时再回来，吃许多道菜，最后一道是德文郡奶油。

从午饭到17时，他们就写写信或者去睡觉。17时，他们下楼来吃茶点，有各种点心，还有面包、糕饼、黄油，有茶，还有果酱。吃完茶点，他们玩玩纸牌，然后才进入一天中真正的重要事情：修容整装，出去吃晚餐。

他们都以晚礼服盛装出现在这个时刻：女士们着露肩长服，绅士们穿着硬领衬衫的礼服，入席把20道菜都吃光。酒足饭饱之后，才轻松愉快地谈点政治，或者随便聊聊人生哲学，一直到告退去睡觉。

这种生活才过了三两个星期，邓肯就要发狂了，她实在是绝望了。罗红林发现她一天比一天情绪低落，便对她说："你干吗不再跳舞，就在这个跳舞厅里跳呢？"

邓肯看着那些壁毯和油画，说道："在这些东西的面前，在油光光的打蜡地板上，我可一点舞姿也做不出。"

罗红林说："如果是这些东西妨碍到你，那就把你的幕布和地毯拿来吧！"

说着，他就派人去把邓肯的幕布拿来挂在壁毯上，把地毯铺在打蜡地板上。

邓肯又说："可我得有一位钢琴伴奏呀！"

罗红林马上说："那就叫人去请一位琴师来。"

于是邓肯便给科隆发了一个电报："在英度夏，需工作，速派琴师来。"

科隆的乐队里有位第一小提琴手，大脑袋而且相貌奇特，那颗大头还在矮胖的身躯上面来回摆动。不过这位第一小提琴手还擅长弹钢琴。但是邓肯对他有一种心理上的绝对厌恶之感。

以前每次她都请科隆不要带他来见她，科隆却说此人很崇拜她。有一天晚上，科隆病了，不能指挥乐队为邓肯的《抒情狂欢节》舞蹈伴奏，就让这个人替他指挥。

邓肯气极了，说："要是他为我指挥乐队，我就不能跳舞。"

听了这些话，他失声痛哭起来。观众正在等待开演，于是只好由皮埃内来暂代指挥。

在一个雨天，邓肯收到科隆回电："已派琴师，后日即到。"

邓肯到车站去接，看到从火车上下来的竟是那位她特别厌恶的先生，感到异常惊奇："科隆怎么能叫你来呢？他知道我厌恶你的。"

琴师用法语结结巴巴地说："小姐，请您原谅，是亲爱的大师派我来的，我非常崇拜您。"

不过罗红林却对邓肯说："至少我是没有理由嫉妒了。"

一切都大大地增加了邓肯的焦躁不安，再加上没完没了下雨，她一天比一天更烦躁，难耐这种无聊的生活。

她对罗红林说："这种生活，你试了几十年，到头来还不是只叹息生活没有意思吗！资产阶级的颓废，就是根源于钱。腰包里有了钱，心中就没有了目标。"

罗红林又神经衰弱了，他感到面前这个女人太强大，不可思议的强大。他在大别墅里安排了一位大夫和一位有经验的护士照料他。

到了秋天，邓肯就动身去美国履行第三个合同了。这一次邓肯变得聪明了些，心情也有点儿悲哀。她又一次作出决断：

一个天才的舞蹈家是不适于过家庭生活的，她的生命属于她的艺术，属于她的舞台，而不是属于哪一个人、哪一个家庭。

从今以后，要把全部生命献给艺术。艺术虽然是困苦的，但是比从凡人那里所得的报答要强若干倍。

她对自己的故乡总怀有一线希望。每次演出前，她都要发表长时间的演讲，呼吁帮助建立一所真正的舞蹈学校。

有记者问她："据说你在欧洲多次说美国的坏话，是真的吗？"

"是的，但这并不意味着我不爱美国。恐怕是因为我太爱美国了，你得知道爱之深、恨之切的道理。有一个男人爱着一个女人，那个女人对他却很冷淡。当初，那个男人每天写一封信表达自己的爱情，把世界上所有动听的词语都用尽了，还是不能打动女人的心。后来，他就每天写一封信辱骂她，把世界上所有难听的丑话都用上了。女的问男的，你怎么给我写那些粗鄙无礼的话，你本不是这样的人。男的说，因为我爱你爱得发疯了。

"我当然爱美国，为什么？我的学校，这些孩子们，难道不都是沃尔特·惠特曼精神的后代吗？还有这个一直被叫作希腊式的舞蹈不也是这样吗？它出身于美国，它是未来美国的舞蹈。所有这些动作它们都是从哪儿来的？它们都来自美国伟大的自然；来自内华达的山峰；来自冲洗着加利福尼亚海岸的太平洋；来自连绵广袤的落基山、约瑟米山谷以及尼亚加拉大瀑布。"

记者又说："有人说，你自己缺钱花就臭骂有钱人。"

邓肯回答说："我在欧洲过了3年富人生活之后，确信这种生活是毫无前途的，是空虚无聊而自私的，同时也证明要获得真正的快乐，只有创造出一种普遍适用的艺术形式才行。尤其对于一个艺术家而言。贝多芬、舒伯特都是穷人，没有钱，但他们有有钱人没有的、更值得珍贵的东西，他们有尊严，有思想，有使命，有灵感。

"他们的灵感不是剥削他人、奴役他人的灵感，而是来自全人类，对人类的精神和命运的探讨所获得的灵感。他们终生都是德国人民的儿子，但他们属于全人类。你听说过哪个人靠有钱获此殊荣？"

还有记者说："听说你去过纽约东区，还免费举行了一次演出。而如果你在东区表演舒伯特的交响乐，那些人是不会理睬的。"

邓肯动情地说："不错，我们进行了免费的演出，剧场没有售票处。人们坐在那儿一动也不动，泪珠儿顺着脸颊滚滚往下流，这就表现了他们不是不理不睬，而是十分关心演出。东区人民的生活，他们的诗歌、艺术中蕴藏的潜力都是很丰富的，时刻等待着一跃而出。

"为他们建造一座圆形大剧场吧，那是唯一民主的剧场形式。在那里，人人都一样地看得清楚，没有包厢和楼厢；可是——你们瞧这剧场的顶层楼座吧——你们认为把人类像苍蝇一样贴在天花板上，然后请他们欣赏艺术和音乐，这样做是合理的吗？"

邓肯哽咽了，她停了一下，接着说："建造一座朴素的、美丽的剧场，不需要给它镀金，不需要那些华而不实的装饰，一切美好的艺术都是来自人类的精神，不需要任何外表装饰。只有从灵感充溢的人类灵魂里流露出来的美，还有作为这种美的象征的身体。

"而且，如果我的艺术在这里对你们有所启发的话，我希望它教给你们的就是这一点。美是需要寻找的，在孩子们身上就可以找到，在他们的眼睛的光辉里，在他们伸展出来做各种可爱动作的美丽小手之中。

"你们已经看见，她们手拉着手走过舞台，比通常坐在这儿包厢里的任何一位老太太、小姐身上的珠宝钻翠要漂亮得多。她们就是我的珍珠和钻石。别的我什么也不需要。让孩子们美丽、自由、强壮有力吧！

"把艺术给人民，人民需要它。伟大的音乐再也不能只供少数有文化的人娱乐，它应该无代价地给予大众：他们需要它，就像需要水和面包，因为那是人类精神上的美酒。"

这时有人大声说："你是一名异端。"

邓肯毫不犹豫地回答说："异端？真好，你说得太准确了，我正是一名异端，就让我做异端吧！"

失去孩子痛不欲生

1912 年，结束了在美国的巡回演出之后，邓肯重新回到巴黎。她把学生们留在凡尔赛，让一个保姆照管。当她打开家门的时候，她的小儿子奔跑着前来迎接她。邓肯离开他的时候，他还是在摇篮里的婴儿呢！

1913 年 1 月，邓肯和音乐家亨纳·斯金一道，再次赴俄国巡回演出。黎明，他们到达了基辅。但这次却发生了一件很奇异的事。

天刚刚发亮，邓肯睡眼惺忪，蒙眬中非常清楚地瞧见马路两边整整齐齐地摆着棺材，那么小小的棺材，肯定是用于儿童的。

邓肯惊恐地抓住斯金的手臂，叫道："哇，都是孩子，孩子们全死了！"

斯金赶紧安抚邓肯："伊莎多拉，你怎么了，别害怕，你是不是做梦了，那儿什么都没有啊。"

邓肯惊恐万状地叫道："没有？难道你看不见吗?!"接着她向斯金讲述了自己所见的景象。

斯金说："是的，真的没有，除了雪。大雪堆在马路两旁，实在没有什么孩子。"

邓肯仍然惊魂未定："只有雪?"

斯金肯定是说："伊莎多拉，大概是你太疲倦了吧！也或许是雪光引起的幻觉。人一太劳累，就往往这样，过会儿就好了，但你得注意休息。"

邓肯定了定神，是的，路两旁除了雪堆之外，一无所有。但这次幻象却在邓肯心灵中有一种悲剧的暗示。

为了休养一下紧张的神经，邓肯跑到一家俄国澡堂去，在一间温暖的房间里洗澡。然后她睡在一个木架上享受蒸汽的拥抱。突然一阵热气冲到邓肯的身上，她一下从木架上摔了下来。

侍者发现邓肯失去知觉躺在地上，把她抬回了旅馆，并找来了医生。医生检查后说邓肯是轻微脑震荡。

斯金劝她："您今天晚上无论如何也不能跳舞了，您在发高烧。"

"可是这会使观众失望的。"邓肯坚持要到剧场去登台演出。

剧院安排的节目是肖邦的音乐。要结束的时候，邓肯却执意要斯金弹奏肖邦的《葬礼进行曲》。

斯金说："还是不要跳这种曲子吧，伊莎多拉，我求求你。你从来没有跳过这个曲子啊！"

邓肯说："我也不知道为什么，弹吧！我一定要跳。"

斯金没有办法，只好弹了起来。于是邓肯双臂一举，舞蹈开始了。

是白天那个不祥之兆给邓肯的印象太深刻了，她要让上帝知道，她接受了他的喻示，并要用舞步走向悲哀，走向苦难，以救赎现实中可能出现的一切不妙。

她首先向上帝致意。然后两手下垂，胸向前高挺，膝微屈，收腹，表达对上帝的虔敬之心。她想象着一个妇人怀抱着她死去的婴儿，用缓慢踌躇的步调，迟缓、踉跄，向人生最后安息的路上走。手指绕成白色的花朵，佩戴在命运的襟前。最后，她又化为灵魂，逃出被禁锢的肉体，飞升而起，向着复活飞去。

当邓肯跳完，幕布落下之后，全场异常安静。邓肯望着斯金，他面色苍白，身体战栗，恳求道："千万不要让我再弹这支曲子了。我体验到了死亡的滋味，我甚至闻到了丧礼之花的芳香，我……看到了孩子们的……棺材。"

4 月回到了巴黎。在特罗卡德罗剧场一次长长的演出结束的时候，斯金又一次演奏了《葬礼进行曲》。她恨不得把天底下所有的悲哀、苦痛、不幸，都在一场舞蹈中宣泄得一干二净，只剩下月朗天清，只剩下风和日丽，成为孩子们的乐园，永享天真和欢乐。

观众在一阵宗教似的沉默之后，仍然恐惧了好一阵，然后疯狂地鼓起掌来。一些妇女痛哭流涕，有的甚至不能自已，几乎到了歇斯底里的地步。

在邓肯去俄国旅行时，她的两个孩子跟伊丽莎白住在一起。现在，她把他们接到柏林自己的身边来了。他们身体很健康，精神饱满，到处跳舞，显得非常快乐。孩子们都好，健康活泼。邓肯和他们一起回到巴黎后，住在 1908 年她在纳伊买下的那所艺术家革维克斯的大住宅里。

迪尔德已经会自编自舞了，她一边舞一边唱着：

我是一只小小小小鸟，

我飞得这么高这么高。

飞到云彩里飞上九霄，

白胡子爷爷吓了一跳。

邓肯看着她那样优雅美丽的仪态，就想她将来也许会继承自己的事业，照她的想法去办学校，她是她最好的学生。

帕特里克也能扭摆自己的小蛮腰了。有意思的是，他每次都不让妈妈教他，他的理由一本正经："妈妈，帕特里克只跳帕特里克自个儿的舞蹈。"

邓肯感到，她和她的孩子们之间，不仅仅是母与子的骨肉关系，同时还有一重超越世俗、超越亲情的更密切更本质的关系，那就是艺术上的水乳交融，血脉相承。

邓肯对斯金说："我最好的学生就是这两个孩子。"

这两个孩子都非常热爱音乐。当斯金弹钢琴，或者邓肯练舞的时候，他们总是要求留在工作室里，乖乖地坐在那里，专心致志地听着、看着。使邓肯有时不免骇异：这么小小的年纪，竟能如此严肃认真地集中注意力。

有一天下午，大艺术家罗尔·普格诺在弹莫扎特的曲子，孩子们蹑手蹑脚走进来，站在钢琴两旁，听他演奏。他一弹完，两个小家伙同时把他们披着金发的小脑袋放在罗尔的手臂下，仰起小脸，极其钦佩地注视着他。

罗尔吓了一跳，大声说道："从哪儿出来的两个小天使，莫扎特的小天使啊？"

这时，他们都笑了，爬上罗尔的膝盖，把小脸蛋儿藏进他的大胡子里。

这时正是 3 月，邓肯轮流在夏特莱剧院和特罗卡德罗剧院表演舞蹈。尽管她现在的生活堪称幸福之至，但是她仍然不断有一种奇怪的压抑感。

一天晚上，在特罗卡德罗剧院跳肖邦的《葬礼进行曲》，由斯金用管风琴伴奏，邓肯再次感觉到额头上有一股冰凉的冷气吹拂，还闻到一股和上次同样的白玫瑰和丧礼之花的气味。

迪尔德穿着一身白色的衣服，那小巧玲珑的身躯坐在中央包厢里，看着母亲跳这个舞蹈，突然哭起来，好像心儿都碎了似的，哭喊道："啊，我妈妈怎么那样伤心难过呢？"

邓肯的心里背上了沉重的包袱。晚上睡觉，不能关灯，巨大的黑暗与棺材同一颜色。而昏暗的灯光下，闭着眼睛就能看见床对面十字架上活动着一个人影，缁衣黑发，用凄怨的目光望着她，好像在诉说什么。

邓肯把这些情况报告了雷纳·巴德医生。他说："你的神经过于紧张，必须到乡下疗养一段时间。否则，你会垮下去的。"

一向坚毅的邓肯这时却不知所措："可是我得按照合同在巴黎演出呀！去哪儿好呢？"

"那好办，您去凡尔赛好了——那儿近得很。您可以乘汽车去，那里空气清新，很适合你的。"

但是，如果邓肯不到凡尔赛来逃避那使她惴惴不安的死亡预兆，孩子们也就不会在3天以后在同一条公路上遭到横祸身亡。

休养果然大见起色。邓肯又闲不住了，她适当地安排了一些演出，还制订了一个读书计划。她的床头搁着巴比·多瑞维利的著作，这一天，她正翻着这一页：

> 美丽的人儿，养育出像你一样美丽的孩子。只要谁说到奥林匹亚山，你就发笑。为了惩罚你，神灵的利箭穿透了你那可爱孩子的头，而你赤裸的胸膛无法庇护他们。
>
> 当只剩下你的胸膛可以射穿的时候，你就贪婪地把胸膛转向发出打击的地方，你等待！然而，徒劳，高尚而不幸的妇女！神灵的弓弦已经松开，他是在捉弄你。
>
> 你一生都在这样等待，在镇静的绝望中，在阴郁克制的绝望中等待。你从未发出人类胸膛惯于发出的悲号。你已木然痴呆，于是，人们就说，你已变成石头，这样来表达你的心灵不屈不挠，坚若磐石。

那天晚上，邓肯的舞跳得与往常大为不同。她不再是一个女人，而是欢乐的火焰，是一团火，是燃烧起来的星星之火，是从观众心中冒出来的滚滚浓烟，而且谢幕十几次之后，作为告别的节目，最后跳了《音乐瞬间》。

突然，她觉得好像迪尔德坐在她的肩膀上，帕特里克坐在另一边，非常平稳、非常快乐。当她在跳舞中左顾右盼的时候，看见他们带笑的、明亮的小脸，婴儿似的微笑。而她的腿一点儿都不觉得累。

突然，罗红林来到了化妆间。自从埃及分手后，有4个月未通音讯了。

他说："带着孩子进城来，我想看看他们。"

邓肯很高兴，觉得这下子一定会使她渴望已久的和罗红林重修旧好的愿望得以实现。

那是一个温暖的灰蒙蒙的早晨。在这一年邓肯第一次感到一种特殊的欢乐激情从和暖的初春降临心间。她一面体验着春天带来的快乐，一面看着孩子们，他们多么娇嫩可爱、多么幸福。于是，她悄悄地把这个消息告诉了女儿。

小女儿大声喊道："嘿！帕特里克，你猜咱们今天要去哪儿？"

英国保姆有些担心："夫人，今天会下雨，最好别带孩子出去。"邓肯的心情被即将与罗红林重逢的喜悦的潮水淹没了，她执意要去。在乘汽车从凡尔赛到巴黎的路上，她把两个小小的身体搂在怀里，充满了对生活的新的希望与信心。

她知道，当罗红林看到帕特里克时，会忘记对自己的一切反感。而且，她梦想他们的爱情会死灰复燃。一家人团聚，天伦之乐，将烦恼和迷幻驱赶得无影无踪。

罗红林见了孩子之后，果然非常快乐。他们在一家意大利餐馆进餐，吃了很多的通心粉，喝红葡萄酒，兴奋地谈着将来的事情。

午饭吃完的时候，罗红林神秘兮兮地说："去埃及前，我在市中心买了一大块土地，你猜是做什么用的?"

"你是想盖别墅吧?"

"不，我打算给你的学校盖一座剧场，名字都取好了——伊莎多拉剧场。我想，那将是你发挥天才艺术的最佳场所。"

邓肯执拗地说："我看，还是叫帕特里克剧院。帕特里克将是伟大的作曲家，他为未来的音乐创作舞蹈。"

罗红林说："我今天感觉非常快乐，我们大家到喜剧沙龙去好不好?"

邓肯见时间还早，她想到戏院里排练一会节目。于是罗红林就自己去了喜剧沙龙。

邓肯带着孩子们来到剧场门口，她对保姆说："你带孩子进来等着我，好吗?"

但是保姆说："不，夫人，我怕下雨，我们最好还是回去，孩子们需要休息。"

邓肯吻了两个孩子，说："我也很快就回来。"

迪尔德把她的小嘴贴着汽车玻璃，望着妈妈。邓肯俯身去吻她，嘴唇碰到了冰冷的玻璃上。

邓肯走进了她的大排练厅。时间还没有到，她便上楼到她的套间里，躺倒在长沙发上。房间里有许多花和别人送来的一盒糖，她拿了一块，懒洋洋地吃着，一面想："总起来说，我的确是很幸福的，也许我就是世界上最幸福的女人。我的艺术、成功、幸运、爱情，尤其是我可爱美丽的孩子们。"

她一边懒散地吃着糖，对自己微笑着，一面继续想着："罗红林回来了，一切都会好的。"

这时候，忽然一阵奇怪的、异常凄惨的哭喊声传进她的耳朵。她回头一看，罗红林站在那里，像一个喝醉了酒的人，摇摇晃晃地走着，双膝一软，跌倒在她的面前。然后从他的嘴唇里艰难地吐出一句话："孩子们！孩子们！都死啦！"罗红林昏了过去。

邓肯顿时觉得天旋地转，浑身血液都凝固了，嗓子里燃烧一般发烫，就像吞了几块红炭似的。但是，她不明白是怎么一回事，她还是十分温柔地同他说话，极力要他平静下来，跟他说绝不会有这回事的。

然后又进来了一些人，但是邓肯仍不相信事情真的发生了。人们害怕她受不了这一打击，一位医生说："绝不会死，我一定把他们都救活。"

原来，司机驶离正道，将车开进了路边的河中。司机、保姆、迪尔德和帕特里克一同遇难。

邓肯想跟罗红林一起去医院，但人们拦住了她，怕她发疯。因为大家知道，两个孩子确实已经不可能再复生了。

但此时的邓肯似乎已经失去了感觉，她全身轻飘飘地如在一场梦中。她没有哭，反而不停地劝慰着别人。她的悲伤因为来得太突然、太猛烈，所以郁塞在心中，一时发泄不出来。

邓肯终于来到了火葬场，见到了她的两个孩子：他们躺在棺材中，金黄色的头发，软绵绵的小手和小脚，都装在了棺材中。

邓肯没有穿丧服，她向来认为穿丧服戴孝是荒唐的，也没有必要。奥古斯丁、伊丽莎白和雷蒙德领会了她的愿望，在她的工作室里堆满了鲜花。

当她向孩子们和他们的保姆的遗体告别时，她极想看到一些舞姿，看到他们最后的笑脸。

四周的人无不涕泗横流。只有邓肯没有哭，她扶着罗红林的肩膀，平和地说："罗红林，你知道吗？那两个冷冰冰的小蜡像不是我们的孩子，那只是他们脱下来的外衣。他们的灵魂将在天堂的光辉中永生。他们本来就是天使啊！不要哭。流泪是无法表达的，我就哭不出来。我想跳舞了，灯光，音乐，舞姿。我想在和谐、瑰丽的光和美中向孩子们告别。我的迪尔德和帕特里克!"

但一回到家里,邓肯真想随孩子们一起离开:"失去了孩子,我怎么活得下去呢?"

她呆呆地坐在工作室里,一直考虑如何了结此生,快点赶到天堂去照顾迪尔德和帕特里克。最好的方式,是投海。海,多么醉人的蓝呵,像帕特里克的眼神。

可是,学校的小姑娘们跑来围着她说:"伊莎多拉,为我们活下去吧!我们不也是您的孩子吗?"

这些孩子的话,唤醒了邓肯,使她想到了自己的责任:"这些孩子们也都异常悲伤。她们站在这儿为迪尔德和帕特里克的死难过,心都碎了。"

邓肯的精神完全瓦解了。如此时罗红林能够陪在她的身边,给她以伟大的爱情力量支撑,或许能多少平复一些邓肯的悲哀。

但他却恰在此时离开了邓肯。

雷蒙德和他的妻子佩内洛普要动身到阿尔巴尼亚去,在那些难民中间工作。他们劝邓肯跟他们一起去。

邓肯不知如何生活,伊丽莎白也决定带邓肯出去走走,闷在家里她非寻短路不可。于是邓肯就答应了,她和姐姐、奥古斯丁一起去了意大利。

在米兰,邓肯独自去了圣马可教堂,独自坐在冰凉的地板上,凝视着圆屋顶上的彩色浮雕。4年前,她就是这样看到了一个小男孩的面孔,关于帕特里克的预示。可今天,什么也看不到了,眼前晕乎乎的一片。

随后,他们坐船从布林底西动身,不久在一个阳光明媚的早晨到达哥尔佛。

天气非常温和,但邓肯却感觉不到一点安慰,这些日子里,她总是呆坐痴望,也不管一天天如何度过,她完全陷入灰色的世界里。她就像尼俄伯王后变为石头一样，坐在那儿渴望着在死亡中消灭掉。

罗红林当时在伦敦。邓肯想："只要他来看看我，也许我就可以从死人般的麻木状态中解脱出来。也许只要感到温暖爱抚的手拥着我，我就可以苏醒过来。来看我吧，我需要你。我快死了。如果你不来，我就随孩子们去了。"

一天早晨，奥古斯丁叫醒她，手里拿着一份电报，上面写着：

无论如何请将伊莎多拉的近况告知，我将立刻赶来哥尔佛。罗红林。

这天以后，邓肯似乎在黑暗中看到了一线光明，她满怀希望等待着。一天早晨，罗红林来了，面色苍白，惊恐不安地对邓肯说："伊莎多拉，你吓坏我了，我以为你死了。"

邓肯由此产生了希望，希望通过一种自动的爱的表示，使不愉快的过去获得补偿，使她重新感到心灵的颤动。但是，她的渴望太强烈了，罗红林忍受不了。一天早晨，他突然不辞而别。

又只剩下邓肯孤零零的一个人了。

她对自己说："要么就是立即结束我的生命，要么就是必须想办法活下去，尽管日夜吞噬我的痛苦使我痛不欲生。"

红色的邓肯

这就是红色，我也是红色的！这是生命和活力的颜色！你们过去曾经是不受文明社会约束的，现在也仍然带着发自天性的感情来欣赏我的艺术吧！

——邓肯

平复伤痛重获信心

孩子们死了，罗红林也走了。邓肯此时非常想了结自己的生命，以免忍受这日夜折磨她的痛苦。

这时，雷蒙德从阿尔巴尼亚回来了，他还是和从前一样，充满了热心。"那儿整个国家都需要救济。农村一片荒芜，孩子们在饿着肚子。你怎么能安心在这儿只顾自己伤心呢？来帮助我们救济孩子们，安慰妇女们吧！"

他的恳求很有效果。邓肯再一次穿上希腊长衫和凉鞋，跟雷蒙德到阿尔巴尼亚去了。

在那里，雷蒙德采用独创性的类似原始人的制度，组织了一个营地，来救济阿尔巴尼亚难民。他到市场上去买了一些生羊毛，把羊毛载在自己租的小轮船上，运往山地哥伦大，这是那些难民们最重要的海港。

邓肯问道："雷蒙德，你如何用这些生羊毛去解决那些难民的饥饿呢？"

雷蒙德说："等着瞧吧，你很快就知道了。如果我给他们带面包来，那就过了今天没有明天；可是我给他们带羊毛来，就是为了他们将来的吃饭问题。"

雷蒙德组织了一个中心，购置了一些纺织机，在哥伦大建了一家纺织厂，他在门口写着："愿来此纺羊毛者，每天可得 1 德拉克马。"

贫穷、瘦弱、饥饿的妇女们很快就排了一条长龙。她们用挣来的德拉克马可以买到黄玉米。

然后，雷蒙德又宣布："谁愿意把纺好的羊毛织成布，一天挣 1

德拉克马。"

许多饥饿的人来要求干这种活。雷蒙德让她们织上古希腊的花瓶图案，很快在海滨就有了一支纺织女工队伍。他教她们和着纺织的节奏齐声合唱。当这些图案织成以后，就成了一幅幅美丽的床毯。

雷蒙德把床毯送到伦敦去卖，可以赚50%利润。然后，他用赚来的钱开办了一家面包厂，卖白面包，价钱要远远低于希腊政府卖的黄玉米。他就用这个办法建立起他的村子。

邓肯他们住在海滨一顶帐篷里。每天早晨太阳升起时，他们就到海里去游泳。雷蒙德不时有剩余的面包和马铃薯，因此他们就翻山越岭到另外一些村子里去，把面包等食物分给饥饿的人们。

阿尔巴尼亚有最早出现的供奉雷神宙斯的祭坛。他们称宙斯为雷神，因为这个国家无论冬夏都常有雷电和暴雨。邓肯和雷蒙德等人常常穿着舞衣和凉鞋，冒着雷雨长途跋涉。

在那里，邓肯看到许多悲惨的情景。一位母亲坐在树下，怀抱婴儿，身旁围着三四个小孩子，都饿着肚子，无家可归。他们的家被烧掉了，她的丈夫被土耳其人杀害了，牲畜被抢走了，庄稼被毁灭了。于是这位无依无靠的母亲就带着她剩下的孩子坐在那里。

雷蒙德分给他们许多袋马铃薯。

回到营地的时候，他们已经精疲力竭，但是邓肯在精神上却感到一种奇妙的愉快：虽然她的孩子死了，但是还有别人的，饥饿和痛苦正在折磨他们，难道自己不能为他们而活着吗？

当邓肯的精力和健康恢复以后，就不能再生活在难民中间了。艺术家的生活和圣徒的生活有着很大不同。她心中的艺术死灰复燃。

邓肯感到必须离开。于是她与雷蒙德的妻子佩内洛普先到了君士坦丁堡。

第二天，邓肯和佩内洛普在君士坦丁堡古老的街上闲逛。在一条又暗又窄的小巷里，她遇到了一位相师，就想："去算算命吧！"

那是一个亚美尼亚的老妇人，但是能说一点希腊话，所以佩内洛普能听懂她的话。老妇人告诉她们，当年土耳其人进行最后一次大屠杀的时候，在这个房间里她亲眼看着她的儿子、女儿、孙子，甚至最小的婴儿都惨遭杀戮，从那时起，她就有了一种超人的明见，能预知未来。

邓肯通过佩内洛普问她："您算算我的未来如何？"

老妇人在那口锅冒出的烟里找了一会儿，说出几句话："我向你致敬，你是太阳神的女儿。你是派到人间来给人们以巨大的快乐的。在这种快乐之中将创立起一种宗教。经过到处游历之后，在你的晚年，你将在全世界修建很多神庙。在这个过程中你也将回到这个城市，在这儿修建一座庙宇。所有这些庙宇都是供奉美神与快乐之神的，因为你是太阳神的女儿。"

当时邓肯正在悲哀和绝望之中，这种诗一般的预言，叫她好生奇怪。然后她们叫了一辆马车回到旅馆。刚进旅馆，门房就递上一份电报。邓肯打开电报。上面写着：

梅纳尔卡斯病重，雷蒙德病重。速归。

她们匆匆返回到阿尔巴尼亚。雷蒙德和儿子梅纳尔卡斯正在发高烧。邓肯尽力说服雷蒙德和佩内洛普离开阿尔巴尼亚，和她一起走。可是雷蒙德不愿意离开他村子里的难民，佩内洛普自然也不想离开他。因此，邓肯只好把他们留在那里。

邓肯在瑞士日内瓦湖畔停留了几天。一个人留在瑞士，邓肯陷入烦闷忧郁之中。由于焦躁和不安，她坐上小汽车走遍了瑞士。最后，凭着一种抑制不住的冲动，开车直奔巴黎。

她完全孤身一人，因为她已经不可能和任何人交往。甚至听到人的声音都产生反感，而当人们到她房间里来的时候，也好像离她很远，不像是真实的。特地到瑞士来陪她的奥古斯丁也没有消除她的愁苦。

在巴黎涅伊的工作室里，邓肯请来了好友斯金。斯金熟悉的琴声挑起了邓肯的万千思绪，顿时，她泪飞如雨。

孩子死后，这是她第一次哭。她的全部身心都投入到了这场哭泣之中，好比一只小船在波涛汹涌的大海里不停地摇晃。

邓肯跑出了屋子，她开着汽车，以每小时 80 千米的速度向前飞驰。她恨不得把一切都碾碎在车轮底下。汽车越过阿尔卑斯山，驶入意大利。在维亚雷礁，一场暴雨劈头盖脸而下，游人四散逃窜，只有邓肯开着车在水道上狂奔。

忽然，邓肯发现前面有一个人在悠缓地走着，视风雨如无物。她一袭白衫，长发飘扬，其高视阔步的器宇轩昂，宛若天人。车子停在了她的身旁。邓肯一眼就认出来了是埃莉诺拉·杜丝。

邓肯跳下车，紧紧拥抱着杜丝，泪水汇着雨水，哭声和着风声。良久，杜丝轻轻地说："我都知道了，伊莎多拉。走，上车去，给我谈谈迪尔德和帕特里克吧！我喜欢听他们的故事。"

与杜丝的相逢，使邓肯意识到，她此前之所以不能和别人共处，是因为他们都在演戏。他们总是很善意地劝她忘掉过去，但这种安慰多么苍白。杜丝从来不说"你不要悲伤"，而是和邓肯一起悲伤，她想象着迪尔德的舞蹈天赋，她吻着帕特里克的照片，泪流满面。两个人共同承担着悲伤。

杜丝热爱诗人雪莱，常常在暴风雨中闲庭信步。她认为，雷电是雪莱的魂魄，她永远追随着他。当闪电划破天际，掠过深暗的波涛时，她指着大海对邓肯说："你瞧，那是雪莱闪亮一生的余晖。他就在那儿，漫步在波峰浪尖之上。"

邓肯失子的世俗之苦，在这场暴风雨中，渐渐消融于杜丝先知般的指引里，仿佛《神曲》中贝雅特丽斯对但丁的指引。

邓肯在杜丝的别墅附近租了一栋小白屋，她们时刻在一起，谈心，散步。一次，杜丝望着那高山对邓肯说："你看那克罗采山两侧峻峭嵯峨的峭壁悬崖，它们在郁郁葱葱的吉拉登山坡之旁，相比阳光下的万紫千红，显得何等阴森可怖！但是只要你再往黑暗突兀的克罗采山峰之顶望望，你就可以发现有白色大理石在发射光辉，等待着雕塑家去把它变成永垂不朽的作品。吉拉登山产生的仅仅是人世间需要的餍足之物，而克罗采山峰却鼓舞着人的梦想。艺术家的生活就是如此，黑暗、忧愁和悲剧虽在其中，但是它给人以雪白的大理石，从而萌发人的灵感。"

这天傍晚，邓肯打电话找来斯金弹琴。这是从 4 月 19 日以来她第一次跳舞舒展腰肢，她跳起了贝多芬的《悲怆奏鸣曲》。

邓肯终于又投进了艺术的怀抱。

杜丝走上去，拥着她，谆谆地说："伊莎多拉，这才是你唯一的出路呀！生命是多么短促，我们没有时间再这么无聊地等下去。摆脱忧伤和无聊吧！"

秋天快要来到，杜丝搬到她佛罗伦萨的公寓去了。邓肯也放弃了那死气沉沉的别墅，先到佛罗伦萨，然后到罗马，打算在那儿过冬。她在罗马过了圣诞节，光景十分凄凉，但是她对自己说："不管怎样，我并没进坟墓或者疯人院，我还在这儿。"

斯金仍然和邓肯在一起。他从来不问什么，从来不怀疑什么，只是把他的友谊、崇敬，还有他的音乐奉献给邓肯。

面对世界大战阴云

邓肯游荡了很久，忽然有一天，罗红林的一封电报打动了邓肯尘封已久的心，也唤醒了她内心深处对艺术的渴望：

我在 1908 年与你初次相识，是想来帮助你的，然而，我们的爱情造成了悲剧。但是，让我们按照你的意愿建立你的学校吧，让我们在这个悲哀的世界上为别人创造美吧！

邓肯接受了罗红林这种以艺术的名义发出的邀请，第二天就起程回到了巴黎。

罗红林替她在克利龙饭店预备了几间极华丽的房子，到处都摆满了鲜花。邓肯在这里把自己的经历和悲伤告诉了罗红林。罗红林下决心帮助邓肯创立学校，让邓肯以美来照亮这个世界。

他买下了贝尔维大旅馆，将它交给邓肯。倘若在这里办成一所学校，至少可以容纳 1000 名儿童。邓肯在市中心举行了一次严格的选拔考试，初选出 50 名预备生，再加上原来舞蹈学校的学生，还配备了女保育员，这个颇具规模的学校便开张了。

舞蹈教室就是原来饭店的餐厅，挂上了蓝色幕布。在长长的房间的中心，邓肯搭了一个平台，有梯子可供上下。这个平台供参观者使用，有时创作舞蹈的人来试演他们的作品也坐在这里。

邓肯这时认识到，普通学校的生活之所以枯燥乏味，部分原因是地板都在一个平面上。因此她在好多房间之间建造了小通道，一边通上，一边通下，把餐厅修整成伦敦的英国下议院的样子，一排排的座位分层排列，分成两边，渐次向上延伸。年纪大一些的学生和教师坐在较高的座位上，小朋友们坐较低的座位。

邓肯在这儿过了一段平静的执教生活，她又一次找到了从事教学的勇气，而学生们学起来简直神速的惊人。开学不过3个月，他们的进步使来看他们的所有艺术家都为之惊叹，赞赏不已。

正巧，罗丹就住在学校对面默东的小山上。他来得很勤，一来就坐在练功房，给孩子们画速写。他有时兴致很高，跟着学生们一起跳舞，动作滑稽得令人捧腹。孩子们当然不懂得罗丹的意义，他们只是喜欢这个怪老头。哪一天他不来，学校就像少了一点什么，乏味多了。

罗丹则感慨道："要是我以前有这么好的模特，那就妙极了。这些按照自然和谐规律成长起来的模特儿，不仅仅是美丽，而且展示了运动中的生命。他们是表现生活的生动活泼的最佳形式。"

罗丹带动了一大批画家手揣速写本来到贝尔维。通过舞蹈学校，在画家和模特之间产生了一种新的理想的关系，模特儿不再是那种干巴巴地坐在画家工作室里的小傻瓜了。

邓肯又希望在这所剧院里实现她的梦想，把音乐、悲剧和舞蹈各种艺术以其最纯洁的形式融合在一起。在这个剧场里，穆奈·萨利、埃莉诺拉·杜丝或者苏珊·德勃雷将表演俄狄浦斯、安提戈涅或者埃列克特拉，她的学生们将为这些剧的合唱部分表演舞蹈。

奥古斯丁有时给学生们朗诵莎士比亚剧作中的片段，或者拜伦的长诗。邓南捷对学校也很热心，经常和她们一起吃午饭或晚饭。

学校最早毕业的那一小批学生，现在已是亭亭玉立的大姑娘了。她们帮邓肯教小同学。看到姑娘们身上发生的巨大变化，看到她们在自己的教导下增长了知识，邓肯信心百倍。

1914年，邓肯心中酝酿着一个宏大的计划。她要用1000名学生来表演第九交响乐。她每天增加了几小时排练时间，这时，她又怀上了罗红林的孩子，使她累得大部分时间只有靠在长沙发上，用手臂做动作教课。

6月，他们在特罗卡德罗举行了一次狂欢节。邓肯坐在包厢里看学生表演舞蹈。有些节目一演完，观众就站起来热烈欢呼。闭幕的时候，他们不住地鼓掌，不肯离去。这些孩子虽不是受过专门训练的舞蹈家或者演员，却受到非同寻常的热烈欢迎。

然而，到了7月，一股浓厚的乌云沉甸甸地压在欧洲的上空，一种可怕的郁闷笼罩了巴黎城。

邓肯觉得肚子里孩子的活动比较微弱，不像前面两个那样有劲，她的心里十分不安。

为了不出意外，7月中旬，罗红林提出把学生送到英国德文郡他家里去过假期。于是，在一天早晨，全体学生分别来向她告别。她们要在海滨度过8月和9月再回来。

邓肯想静养一段日子。每当站在学校的高台上眺望全城，她总感到有一种慑人的危险正飞快向巴黎进逼。

一天清早，凶讯传来，曾热忱支持过邓肯的奥国皇储斐迪南在萨拉热窝被刺身亡。这也是第一次世界大战的导火线。

8月1日，邓肯感到了分娩前的初次阵痛。奥古斯丁、伊丽莎白、玛丽、学生艾尔玛都赶来了。在她房间的窗户下面，人们在大声叫嚷战争动员的消息。天气很热，窗户开着。邓肯的喊声、痛苦呻吟和挣扎呼唤，同外面"隆隆"的鼓声与叫喊声混杂在一起。

邓肯想知道是不是打起来了，但眼前最要紧的是生下孩子。

最重要的是医生，可惜好友博松大夫入伍去了，接替他的是一位陌生的大夫。

经过一番艰苦奋斗，邓肯终于听到了婴儿的哭声。护士把一个男婴送到她的怀里，伊丽莎白说："伊莎多拉，祝贺你，你又快乐了。"

"战争爆发了吗?"邓肯心中纳闷。

晚上，房间里挤满了来祝贺的人。邓肯的眼里泪水盈盈，生命的那一点点汁液都化成了这一汪咸涩的水。她轻轻地逗弄着婴儿："你是谁呀？是迪尔德，还是帕特里克？你又回到我的身边来了，我的小宝贝。"

小东西紧盯着妈妈，似乎是笑了一下，突然憋住呼吸，好一会儿，才呼出一口长长的气。

邓肯吓坏了，赶忙喊来护士。护士一看，迅即将婴儿抱了出去。

仿佛一个世纪过去了，无限漫长的等待。

奥古斯丁终于进来了："苦命的伊莎多拉，孩子死啦！你一定要挺住。"

"为什么才来告诉我？"

"抢救了一个多小时，我们才放弃。"

邓肯的眼前，立即幻化出一片汹涌的大海，波涛席卷，浊浪排空。她看见了死神的面孔，美丽而冰冷，嘴里叼着的正是她的孩子。

邓肯昏迷了两天两晚，滴水未进，第三天才醒来。她望着斯金，低沉地说："谢谢你来见我最后一面，我一定要去照顾我的 3 个孩子，哪怕是下地狱。"

斯金情绪激动地说："伊莎多拉，命运是对你太残忍了，你的痛苦无比深沉。我们都能理解你，希望能够帮你分担。所以，在你昏迷的时候，我们这些人都陪着你，两天两夜，谁也没合上一眼。

"可是，你知道外面的世界是什么模样吗？战争这个恶魔正在夺去成千上万人的生命，到处硝烟弥漫，杀声震天，伤兵、死尸从前线源源不断地运回来。你想想，相比之下，你个人的这点痛苦又算得了什么！你是一个非凡的人，命运折磨你，就是因为它看准了你是非凡的。和命运抗争吧，伊莎多拉。"

舞起革命的马赛曲

邓肯以坚强的毅力，又挣扎着站了起来。她把贝尔维开辟成伤兵医院，学校被迫暂时解散。所有的床上，都躺着缺胳膊少腿的士兵、军官，有的已经奄奄一息。邓肯的耳边响起了萧伯纳的警世之言：

> 只要人类不断折磨和屠杀动物，吃它们的肉，我们就不可避免战争。

这句话深刻地印在邓肯的脑海里。以后，她给任何学生都只吃蔬菜和水果。

邓肯能够走动之后，便和玛丽离开贝尔维舞蹈学校到海边去了。这时，第一次世界大战激战正酣。通过战区的时候，邓肯说出自己的名字，受到了极大的礼遇。值勤的哨兵说："这是伊莎多拉，让她过去吧！"

邓肯觉得这是生平从未享受过的无上光荣。

欧洲的战乱，使奥古斯丁和伊丽莎白都回到了纽约。他们把学校也带过去了，不断拍来电报，要邓肯去主持工作："离开这个伤心之地吧，回到你的故乡，才能够疗救你心灵的创伤。"

邓肯踏上了归途。刚从流血的、英雄的法国回来，看到美国对战争明显漠不关心的态度，她心中深感义愤。在这里，没有谁关心战争，没有谁过问流血和死亡。

她对伊丽莎白说："我要演出，要用舞蹈号召美国青年起来保卫时代的最高文明。巴黎正在铁蹄之下啊！我要用马赛曲来鼓动观众的精神，祈祷盟军的胜利。"

大都会歌剧院。邓肯裹上红色围巾，跳起了《马赛曲》。她英姿飒爽，豪气勃发。英雄的力量通过一浪高过一浪的掌声，注入美国人的心间。

结束动作模仿著名雕塑家吕德塑造的法国凯旋门上的不朽形象，单臂高举，指向天空；肩膀倾斜，俯向大地。赤裸的半边身子，直到腰部，都统一在一个舞姿之中，泛着大理石般的洁白光华。

美国的各报纸似乎都在邓肯的舞蹈与学说中奋发起来。有一家报纸上登载着如下的文字：

> 伊莎多拉·邓肯女士那种英姿勃勃的姿态，就像巴黎凯旋门上的不朽塑像。当她把这个雄壮的形象经过艺术加工再现出来的时候，鼓动了观众的高度热情。观众为这种崇高艺术作品的生动再现，爆发出欢呼，不断叫好。

邓肯的工作室很快就成为诗人和艺术家的聚会场所。从此，她重新抖擞精神。当她发现新建的世纪剧场还空着，就把它租来供演出旺季之用，着手在那里创作《酒神之舞》。

战争在美国的唯一迹象就是物价飞涨，学校很快难以维持。邓肯的观众大部分是处于社会最底层的平民百姓。他们感动了她，于是带着学校和乐队全班人马为他们做免费的演出。但邓肯这个行动使她很快就陷于完全破产的境地。

无奈之下，邓肯决定带着学生返回欧洲。可是，直到轮船起航前3小时，她还没有弄到钱买票。

一位着装素雅的年轻女子走进了邓肯工作室："听说你们今天要动身去欧洲，是吗？"

"是啊，我们一切都准备好了，但还没有买票的钱。"

"需要多少？"

"大约2000美元。"

年轻女子马上打开钱包，抽出两张1000美元的钞票放在桌上："能在这点小事上帮助你们，我太高兴啦！"

"谢谢。美国还有你这样有同情心的富人，我也太高兴啦！"

"你弄错了，我并不是富人一族。说实话，为了这笔钱，我昨天把全部股票和债券都卖掉了。你的事业就是我的事业。"

"对不起，请问您叫什么名字？"

"露丝。"

露丝将邓肯一行送到了码头。邓肯教孩子们列队站在甲板上，每个孩子的袖子里藏着一面法国国旗。待汽笛长鸣，轮船离岸，他们一齐挥动旗子，高唱《马赛曲》。

战争还在继续。邓肯不得不以5分利息向高利贷借钱支付学校的昂贵费用。没有钱，她只好回到纽约。之后，她意外地与罗红林会合。

罗红林得知学校的窘况，马上筹措了一笔巨款，想把学生们接回纽约。然而，这笔钱到达学校时，学生们已经被他们的父母领回去了。

多年辛苦建成的学校就这样解散了。邓肯的情绪又跌入了低谷。纽约的寒冬不失时机地降临，昔日强健的邓肯如今近乎蒲柳之质，弱不禁风。

战争结束重建学校

1917年10月，俄国爆发了十月革命。消息传到纽约，邓肯就像打了一针强心剂一样振奋起来："一想到受苦受难的人们，一想到那么多为人类解放事业献身的人们，我的心在燃烧，热血在沸腾。"

这时，奥古斯丁回来了。不久，6名年纪大点的孩子也跟着来了。

罗红林在麦迪逊广场花园顶层租了一间大工作室，邓肯和她的学生每天下午在那里练功。早晨他带她们乘车沿哈得孙河岸做长时间的巡游。他还给她们每一个人都送了礼物。

邓肯又浑身充溢了艺术的活力，她在大都会歌剧院登台表演，主题是：世界对自由、复兴和文明的希望。

这次演出是邓肯一生中最美好的经历之一，纽约所有的美术家、演员、音乐家都莅临了。因为完全没有票房卖座多少的压力，邓肯舞跳得特别兴高采烈。

在演出终场时，邓肯表演了《马赛曲》，作为最后一个节目。观众掌声雷动，为法国和协约国热烈欢呼。

从此，每场演出的最后，邓肯必跳《马赛曲》，红色纱巾在强劲激昂的旋律中飘荡。

后来，因为邓肯教一个漂亮小伙子跳快步探戈舞，罗红林又一次大发雷霆，就和她分手了。

邓肯又变成孤身一人，欠了旅馆一大笔钱，还负担着学校的巨大开支。她把罗红林送给她的一串钻石项链送进了当铺。

这时正是演出季节结束，什么样的活动实际上都不可能有。幸而她的行装里还有一件貂皮大衣，箱子里还有一块极贵重的祖母绿，那是罗红林在蒙特卡洛从一位赌光了钱的印度王子手里买下来的。邓肯把那件貂皮大衣卖给了一位著名的女高音歌唱家，祖母绿卖给了另一位女中音歌唱家，然后在长岛租了一所别墅度夏，把她的学生也安置在那儿。她等待着秋天的来临，那时又可以演出挣钱了。

过了两个月，邓肯到加利福尼亚去演出。在这次旅行演出过程中，她从报上知道了罗丹的死讯。一想到再也见不到好朋友了，邓肯哭得很伤心。

邓肯抽空去了一趟旧金山去见母亲，她们已经好多年没见面了。母亲形容枯槁，已远非20年前抱着极大希望去寻求成名、寻求好运的那个冒险劲头十足的女子。她们一起到克里弗饭店吃饭，母亲一言不发，也吃得很少。她老了。

邓肯痛苦地想："人总得老，总得死。"

她的心中涌起一股莫名的悲凉，泪水差点夺眶而出。

在旧金山，邓肯还遇到了钢琴家哈罗德·鲍尔。使她大为惊异和高兴的是，他告诉她，与其说她是舞蹈家，还不如说是音乐家。他还说，是她的艺术使他懂得了巴赫、肖邦和贝多芬的音乐里那些不易理解的地方。

哈罗德观察力极为敏锐，善于思考，超乎常人。他不像大多数音乐家，他的眼界并不局限于音乐。他对一切艺术都有精辟独到的见解，在诗歌以及极为深刻的哲学方面也有渊博的知识。

两个同样热爱崇高艺术理想的人遇在一起，就都有了一种真正的陶醉之感。她向他揭示了音乐艺术的秘密，而他也向她揭示了舞蹈艺术的某些寓意，那恰是邓肯做梦都未曾想到过的。

在美国的生活奋斗，已经使邓肯精疲力竭，失去了勇气。于是，她想回巴黎去，在巴黎也许能把财产变卖一些钱。

玛丽已从欧洲回来，从巴尔的摩打来电话。邓肯把自己的困境告诉了她。玛丽说："我的好友戈登·塞尔弗里奇明天动身去欧洲，要是我求他一下，他一定会给你一张船票的。"

邓肯欣然接受了这个建议，第二天早晨，她就从纽约乘船出发了。到了伦敦，她已经没有钱去巴黎了。因此，她在公爵街找了个公寓住下，然后打电报给巴黎各方面的朋友求援。

后来算是侥幸，她遇上法国大使馆的一位人物。他向邓肯伸出援助之手，带她到了巴黎。邓肯在巴黎奥赛饭店租了一个房间住下，向放债人借钱应付开支。

欧洲还处在战争之中。每天大炮轰隆不止，每天都有不幸的消息传来。自相残杀正在消耗着人类的元气，几千年文明孕育的精、气、神，以及文学的韵致、音乐的旋律、舞蹈的曼妙、雕塑的凝重，都在浓浓的硝烟中被一点点蚕食。

此刻的邓肯，既无法登台演出，又穷困潦倒，一钱不名。邓肯常常坐在窗前或门口，期待着飞来一枚炸弹，结束她的困苦。

这时，她遇到了形貌酷似李斯特的青年钢琴家沃尔特·拉梅尔，邓肯很喜欢瓦格纳的一首歌曲《天使》，于是就称他为"大天使"。他的演奏有一种难以言传的狂放之气，这种狂放之气使邓肯的舞蹈重新活跃起来。她又开始召集自己的学生，意欲再展宏图。

同时，可恶的战争总算是结束了。邓肯和沃尔特一起去看胜利阅兵式，他们在凯旋门向那些风尘仆仆的士兵们致敬。

他们高呼："世界得救了！"

回到邦浦路邓肯新的工作室，她一直无法平静下来，沃尔特近乎狂野地弹起了李斯特的《荒野的祈祷》。

恍惚中，邓肯又看到了战争狰狞的面孔，又听到了"隆隆"的大炮声和垂危战士的微弱呻吟。一种神秘的力量支配着她，一定要远离战争！她奋力举起双臂，灵魂从体内向上升起，犹如"圣杯"的银色光辉飘浮腾跃，冲入云霄。

邓肯并不满足于追求她已经找到的幸福，重建学校的老想法又回来了。为了这个目标，她给在美国的学生们发了电报。

学生们来了，个个年轻漂亮，而且颇有成就。邓肯聚合了几个忠实朋友，对他们说："咱们到雅典去看看卫城吧，咱们有可能还是把学校设在希腊。"

但邓肯原先准备建在山上的房子也成了一片废墟，夕阳和羊群出没其间，浓重的苍凉与寂寞，像一只巨鹰，啄食着邓肯的心。

她不知不觉地又来到了伊沙卡的帕提农山岩，2000 多年前，萨福纵身一跳的身姿该是何等的优美呵。邓肯久久地伫立岩头，只要瞬间的意念，她就可以跳下去。在邓肯的灵魂深处，死神是斗不过艺术之神的！最后，她意外地对着大海深深地鞠了一躬，然后退下山岩。

这时，她最好的学生艾尔玛来到她的身边，悉心照顾她的生活起居。艾尔玛大大的眼睛和圆圆的脸庞，同迪尔德长得非常相像。

邓肯问她："你愿意做我的女儿吗？"

艾尔玛答道："我从来就把您当母亲看待的。我 7 岁那年，亲生母亲死于瘟疫，您将我招进学校，我才免受街头流浪之苦，您是我的再生之母。"

邓肯说："那你就做我的养女吧！啊，我的迪尔德都这么大了。"

1920 年，邓肯离开了希腊。这是邓肯最后的一次希腊之行。她已经 42 岁了。

这年夏天，邓肯在巴黎进行了一系列的演出，节目之一是根据肖邦的音乐演出的舞蹈。她把这些舞蹈设计成具有史诗般的性质：《悲惨的波兰》《英勇的波兰》《波兰的郁闷与欢欣》。

演出的那天，剧场里座无虚席，观众热情洋溢。演出结束时，精神振奋的人们把大束大束的玫瑰和百合，还有用紫罗兰和兰花编成的花束投向台上，邓肯不得不频频答谢，她们脚下铺满了鲜花。

观众呼声不断，邓肯又加演了《马赛曲》。观众看得如醉如痴，欢呼声和喝彩声甚至掩盖了音乐伴奏的声音。

舞蹈结束，邓肯披着鲜红色的围巾，站到舞台前面，用不太流利的法语发表了即席演说：

你们知道为什么今天大家聚集在这里，这不是为了我，也不是为了你们自己，而是为了这些幼小的孩子，她们将在未来舞蹈。

我并没有创造出自己的舞蹈，它已先我而存在。但它休眠着，我只不过发现了它，并将它唤醒。

当我谈到我的学校的时候，人们并不了解，我所渴望的孩子是战时的孤儿，他们一无所有，既失去了父母，也没有了家庭，至于我自己呢？我不需要太多的钱。闪闪发光的贵重饰物非我所求，妇女手中的一枝花，在我看来，比世上所有的钻石与珍珠都更美丽。

我希望我的学生们能够读懂莎士比亚，能读但丁，能读埃斯库罗斯，能读莫里哀。

舞蹈就是生命。这正是我所想要创立的一所充满活力的学校的原因。在这里人们最宝贵的财富是他的灵魂和他的想象力。给我吧，请你们的总统给我100名战时的孤儿吧，5年之后，我送还你们的将是出乎想象的美丽和财富。

从今以后，可能会有一种新的生活出现，我不知道这将是一种什么样的生活。但是我知道，世界上最富有的，莫过于那些意志坚强、想象力丰富的人。

请大家帮助我建立起这所学校吧，否则我就到俄国去和布尔什维克党人合作。我对他们的政治一无所知，我不是一个政治家。

但是我将对他们的领导人说："把你们的孩子交托给我，我将教会他们像神一样地舞蹈，否则，就请把我暗杀掉。"

开办不了学校，我宁愿被暗杀，这比活着但实现不了自己的愿望要好得多。

1921 年 4 月，邓肯奔赴伦敦，与沃尔特合作进行一系列的演出。伦敦市民兴高采烈地欢迎这位伟大的舞蹈家。所有她的老朋友，诸如小迪尔德的祖母艾琳·泰瑞、艺术家奥古斯塔斯·约翰、司各特小姐，还有许多诗人、音乐家、画家挤满了她在克拉里奇的沙龙。各种报纸上出现了对她的长篇颂扬文章。

正当这个时候，一个来自苏维埃俄国的商务代表团在伦敦进行访问。代表团由一位具有相当文化修养和讨人喜欢的布尔什维克党领导人之一的列昂尼德·克拉辛率领。他听说这位国际上著名的舞蹈家对新生的俄国很感兴趣，就到邓肯登台演出的威尔士王子剧院去拜访了她。

那天，邓肯演出的恰巧是柴可夫斯基的《斯拉夫进行曲》，由伦敦交响乐团伴奏。克拉辛像所有观看过这出表现斯拉夫民族的压抑与自由的舞剧的人一样，被舞蹈家的艺术语言感动得热泪盈眶。

演出结束后，他立即奔到后台，向这位舞蹈家表示敬意。就在那间剧院的化妆室里，他们简短地同时也是半开玩笑地讨论了邓肯去俄国开办舞蹈学校的问题。

"伊莎多拉，您的舞蹈可以和清风明月相媲美。"

"谢谢。您是俄国人？"

"不，我是苏维埃俄国人。我叫列昂尼德·克拉辛，正带着苏维埃的商务代表团在伦敦访问。"

"苏维埃俄国，对，克拉辛同志！"

说完，两人都大笑起来。

"我能去你们苏维埃俄国办一所学校吗？"

"我们求之不得。"

"真的？"

"那好，我将把您的意愿不折不扣地带回我们国家。我想全苏维埃俄国人民都会张开双臂迎接您的。请您等候我的回音。"

"我等着。"

于是，克拉辛向莫斯科发了电报。几天后，他又去邓肯下榻的旅馆，建议她发表一项声明，以表达她去苏维埃俄国办学的愿望。

邓肯给当时的人民教育委员阿纳托尔·瓦西里耶夫·卢纳察尔斯基写了一封信：

> 我从未想过用我的工作来交换金钱。我需要的是一个工作场所、一座能容纳我和我的学生的住宅、简单的伙食、朴素的衣着，以及能发挥我们才能的机会。
>
> 如果你们能够接受这些条件，那么我将前来为苏维埃俄国的未来和她的孩子们效劳。
>
> 伊莎多拉·邓肯

不久，邓肯在她巴黎的排练室里举行了一次宴会。她的所有朋友都来了，其中有几位是俄国侨民：柴可夫斯基小姐，她是前沙皇政府农业部长的女儿；马克拉科夫，原俄国驻法大使，还有其他一些人。

当他们得知邓肯真的下定决心要去苏维埃俄国，惊讶得目瞪口呆。他们原以为这不过是她一时的奇思怪想，却不料是她的真诚愿望。

柴可夫斯基小姐恳求邓肯别去苏维埃俄国。她告诉邓肯她父亲转来的一封信，这封信是一个身在苏维埃俄国的人写给她父亲的。

信中谈到发生在那里的无可名状的恐怖：

> 看看他们干的好事吧！由于缺乏粮食，他们正在宰杀4

岁的儿童，把他们的四肢挂在肉铺里出售。

邓肯天生的怀疑精神使她拒绝相信这种夸大其词。当其他几位在场的俄国友人振振有词地证实这些消息，央求她取消这次旅行时，她的脸色看上去显得苍白而严肃，只说了一句："噢，如果真是这样，那么我必须去那里！"

宴罢客散以后，只有邓肯和养女艾尔玛在一起，有关布尔什维克的恐怖的谈话，仍萦绕在她们耳边。邓肯开玩笑地说："别担心，艾尔玛。要吃的话，他们当然先吃我，我长得比你胖。那时，你赶紧逃跑就是！"

6月初，邓肯离开巴黎去布鲁塞尔，她在那里做了一些演出，然后在她的3个学生陪同下前往伦敦。她和伦敦交响乐团合作，由德西雷·德福指挥，在皇后大厅进行了一系列的演出。

一天，克拉辛邀请邓肯和艾尔玛一起到苏维埃俄国大使馆赴宴。她们发现，这位商务专员和他的夫人十分殷勤好客，这使得她们对布尔什维克党人残暴成性的恐惧感顿时烟消云散。

克拉辛告诉她，莫斯科当局不但决定按照她的愿望为她招收1000名儿童，而且还向她提供位于克里米亚的美丽的利瓦季亚皇帝行宫！

一切似乎都很顺利，有了那个具有远见卓识的政府的大力支持。还有什么比这更高的奢望呢？

奔赴红色的苏维埃

1921 年 7 月 12 日，邓肯接到了苏维埃俄国政府人民教育委员卢纳察尔斯基拍来的电报：

只有苏俄政府能了解你，欢迎速来，我们帮你建设学校。

邓肯迅即打点行装，至于衣服，她只拿了一件红色的法兰绒短外套。7 月 13 日，邓肯登上"巴尔坦尼克"号航轮的甲板，带着她的学生起航去苏维埃俄国。

邓肯登上"巴尔坦尼克"号航轮时，人们全都以为她在发疯。新闻界的反响虽然说辞不一，但都对邓肯的出走感到匪夷所思。

当轮船向北方行驶的时候，邓肯回头眺望，不禁感到轻蔑和怜悯："从今以后，我就要在同志们中间，作为一个同志，实现我为人类的这一代人工作的宏伟计划了。那么，再见吧，你那使我办不成学校的旧世界的不平等、不公正的残酷无情！旧世界，别了！让我们欢呼新世界的来临！"

当轮船最后到达目的地时，她的心高兴得快蹦出来了。这一次她的欢欣是为了美丽的新世界，是给予这个同志们的新世界。

以烛光照明的列车沿着无人照管的轨道徐徐前进。她们发现，同车厢的一个陌生人原来是布尔什维克党的一名送急件的机要员。他是一个内向而温和的年轻人，一点也不像图画里画的那种残忍的布尔什维克党人。

这个年轻人在这群生气勃勃、谈笑风生的艺术家面前，很快就感到如沐春风。在去莫斯科的路上，他不仅是一个很好的旅伴，而且还给了她们很多的帮助。

火车到达了俄国边界，她们看到红军士兵威风凛凛地站在新生的共和国的殷红的旗帜下。她们深深地被这种庄严肃穆的气氛感动得说不出话来。邓肯的舞蹈长期以来正是追求这一境界，她激动得在狭窄的车厢过道里跳起舞来。

邓肯急不可待地希望当场履行入党手续。她要求这位年轻的机要员毫不迟延地介绍她入党。接着，他们好几个小时都在谈论共产党员的奋斗目标和共产主义运动的领袖人物。

邓肯一行被人用车从车站直接送到彼得格勒苏维埃总部所在地德安格尔特勒旅馆，那里当局已为她们安排好一个房间。

休息片刻，她们就去游览市区。邓肯对彼得格勒有特殊的好感，但现在它的变化实在太大了！看着空荡荡的久未擦洗的商店橱窗，看着紧抱着一小包一小包食物匆匆而过的行人，她不禁回想起这座城市昔日的奢侈与繁华。

最后，她来到冬宫，知道这座昔日的皇宫如今已用作儿童医院时，她对新政权的信仰油然而生。

从彼得格勒到莫斯科只需 14 个小时的时间，可她们却足足走了 28 小时！火车于 7 月 24 日早晨 4 时徐徐驶入莫斯科车站，那天正是星期天。

一进入莫斯科市郊，邓肯一行就感到十分兴奋。但当她们看到没有一个人前来迎接她们时，心就凉了一半。尼古拉斯基车站空空荡荡，漆黑一片。没有欢颜笑语，没有鲜花和拥抱，就连问一声"哪一位是邓肯女士"的人也没有。另外几名旅客走下火车，匆匆走出这个冷冷清清的车站，他们知道目的地已到。

这一行人于是赶往剧院广场。在一度曾是十分豪华的首都旅馆，苏维埃的第二号机构就设在那里。外交人民委员奇切林和他的工作人员就在那里办公。在这些女士们留在车里的时候，那位机要员将各类公文传递箱一一传送出去。

车子的马达声早已停息，广场上万籁俱寂。远处，克里姆林宫高大的围墙耸立在广场的那一边，整个场景就像俄罗斯民间故事里的一幅插图，完全不是现实世界。

邓肯和艾尔玛紧挨着坐在一起。在慢车里经历了 3 天异常兴奋但又累人的旅行，此时她们已筋疲力尽。她们顿时感到饥肠辘辘。从"巴尔坦尼克"号上登陆以来，她们还没有好好地吃过一顿饭。

她们很快就发现食品匮乏，几乎看不到有什么吃的东西，即使看到了，也不能购买，因为每人都由政府定量配给。早在第一天的火车旅行以前，午餐篮里的食品已经吃完。

车上供应的大粗黑面包，实在无法下咽。她们那由于不正常的进食造成紊乱的消化系统，对此无能为力。

突然在二楼的一扇窗子亮起了灯光，一个男人的身影从窗口探了出来。她们一边拍手一边想，这才是她们见到的第一位真正的布尔什维克。

人影从窗口缩了回去。过了几分钟，一个穿着黑色服装的高大男子朝她们走来。他倾身向前，吻着邓肯的手说："您还记得我吗?"

邓肯仔细端详了一番，然后想起他的名字来了——弗洛林斯基。1918 年她曾在美国见到过他，当时人们称他为弗洛林斯基伯爵。

她们止不住地大笑："没想到，在莫斯科的心脏里见到的第一个真正的布尔什维克竟是弗洛林斯基伯爵!"

弗洛林斯基把她们安置在他的私人办公室里。弗洛林斯基邀请她们到附近的萨沃乌旅馆去就餐，那里他有一个房间。他用奶油面包卷和不加糖的茶款待这两位饿极了的女士。

旅馆里只剩一个可以出租的房间。当她们进入那个空房间，才发现房间里只有一张床。床上既无床单，也无枕头。邓肯就睡在这样的床上，艾尔玛凑合着蜷缩在一张小沙发上。让娜后悔千里迢迢地来到这里，只能坐在唯一一把椅子上。尽管这样，她们也都睡着了。

对于邓肯受到的冷遇，卢纳察尔斯基的解释是："我们等了她3天，可她突然在晚上到达。"

其实，他的内心里并不相信邓肯真的会抛弃欧洲繁华舒适的大都市生活，来到新生的、尚处于动荡不安之中的苏维埃俄国。

邓肯到达的消息一传到这位人民教育委员耳中，他就感到十分内疚，他立即安排邓肯3人住进格尔采尔公寓。

第一个来拜访的客人当然是斯坦尼斯拉夫斯基。他正在谋求将柴可夫斯基的歌剧《叶甫根尼·奥涅金》搬上舞台。邓肯劝他放弃这种努力，她一贯对歌剧不感兴趣，认为"音乐剧是胡闹，说、唱、跳三者是不能混合的"，两人很友好地争论起来。

3天后，邓肯收到了一封请柬，苏维埃俄国政府将为她设宴洗尘。邓肯兴致盎然，她身着鲜艳的红色上装，系红色发带，穿红色便鞋，出现在会上，理直气壮地宣布："我是红色的!"

但是，邓肯觉得她所看到的一切，与她理想中的差之甚远。她的心里有些黯然。但卢纳察尔斯基的致词给了她极大的安慰：

邓肯被誉为"动作的皇后"，但在她的全部动作中，她所采取的最近一个行动——不畏长途跋涉，不管担惊受怕，来到了苏维埃的红色俄国，这是最美丽、最高尚的行动，理应受到人们的高度赞美。

欧洲舆论界对邓肯在苏维埃俄国的活动大肆渲染。他们称邓肯为"共产党员邓肯""红色邓肯"，甚至恶意诋毁说："一个人老珠黄的芭蕾舞女演员，廉价卖给了布尔什维克。"

艾尔玛和让娜气得哇哇直叫。邓肯笑着说："不要气，你越气他们越高兴。资产阶级就是这样低级趣味，他们是无可救药的。"

一天，邓肯带着艾尔玛和卢纳察尔斯基为她配备的秘书伊利奇·什尼切尔，一道去莫斯科河边散步。

在麻雀山下的一片绿荫里，一个身穿军大衣、戴着将军领章的中等个子迎面走来。他脸形瘦削而刚毅，浑身都透出一种坚强的气息，而笔挺的亚麻色的胡须充满了成熟男性和成功革命者的魅力。

什尼切尔介绍道："邓肯女士，这位是波德沃依斯基，'十月彼得格勒'军事委员会主席，攻占冬宫的指挥者，现任体育教育人民委员，正带领一支运动员队伍从事体育场的建造。"

邓肯一听，连忙伸出手去："我向您表示敬意。自从基督教以来，布尔什维克从事的乃是拯救人类的最伟大的事业。"

波德沃依斯基也热情地说："谢谢你对我们事业的支持。邓肯同志，我早听说过你了，欢迎你，欢迎你。"

邓肯问道："我计划来这里办一所学校，您愿意帮助我吗？"

波德沃依斯基回答："我非常愿意。但我担心你的学校会削弱孩子们刚强的性格。"

说着话，波德沃依斯基带着邓肯几位爬过山冈，指着绿色斜坡顶端的那幢楼房说："你们的学校将设在那里。"

一群年幼的孩子从树林里跑了过来，他们赤着脚正好向一撮碎玻璃奔去。

邓肯举起手想把他们叫住，却被波德沃依斯基阻止："未来的革命战士必须学会勇敢，不怕任何险恶与困苦。"

走下山来，波德沃依斯基拉着邓肯的手说："请跟我来。"

他引导着她走上了一条小路，越往前走越陡。邓肯感到整个人都在向下俯冲，滑倒了好几次，衣服也被树枝划破了。但她没有胆怯。

到家以后，和波德沃依斯基接触仍使邓肯感到非常激动。她坐下来写下了对这位生气勃勃人士的印象。她认为，她应该向全世界宣传这样的人物。

　　她把稿件寄给了一家英文报纸的编辑。这位编辑不但发表了这篇文章，而且还送给一张支票以支付稿酬。

　　收到这张支票后，邓肯比以往每次得到舞蹈演出的大笔收入或者她的崇拜者们的热烈掌声还要高兴。

　　她想长期保存着这一张代表着第一次靠她的写作赚来的报酬，但当食物变得越来越紧张时，她只好将它换成了钱币，用这些钱给她的学校的孩子们买了苹果。

　　日后，波德沃依斯基成了邓肯终生敬慕的人物。

走入最后一次婚姻

1921 年 8 月上旬，日子一天接着一天地过去，可是有关学校的事情还是一无进展，新的住处也没有落实的迹象。邓肯心急如焚，生怕这次苏联之行一无所获。她最怕无可奈何的闲散，渴望能尽快实现自己的理想。为了消磨时光，白天她在城里散步，晚上常去剧院闲逛。在那些日子里，剧院都可以随便出入。

在麻雀山度过一周的简朴生活后，邓肯决定搬回市里。因为这时，教育人民委员会的官员终于设法在一所大楼为她找到了一个住处，并表示这座楼也可以供学校办公和学生们居住。

邓肯满怀热情地投身于新学校的组织工作。政府让她搬到了条件更好的巴拉绍娃别墅。但是，1000 个儿童和一个大剧场依然只是空想。从目前的设备来看，只能办一所容纳 40 名儿童的寄宿学校，学生年龄在 4 岁至 10 岁之间，特别强调优先录取工人子弟。

莫斯科对全体居民实行配给制。身为艺术家的邓肯和艾尔玛享受脑力劳动者的供应，领到一定数量的白面、鱼子酱、茶叶和白糖。每隔两星期，让娜就要拎着大菜篮到克里姆林宫分配办公室为她的女主人同志领供给物品。

每当食物领回家后，慷慨大方的邓肯总要举办"烙饼宴会"，款待她那些半饥半饱的诗人和艺术家朋友们。他们似乎都在盼望着这一时刻的到来。短短几小时内，领来的白面就全变成了烙饼，鱼子酱也全都抹在了饼上。

在新工作室里，一位青年小提琴家奏起舒伯特的《万福马利亚》，邓肯款步走向房间的尽头，在微弱的灯光下，开始婆娑起舞。

这首歌颂母爱的动人心弦的诗篇是她在新的工作室里演出的第一个舞蹈。

年轻的钢琴师皮埃尔·吕博斯希特兹来到这里后，邓肯和艾尔玛便能将一些空闲的时光用来练习舞蹈和编排新的节目。在这段时间内，邓肯根据斯克里亚宾的乐曲创作了两个舞蹈。当她们为朋友们表演这两个曲目时，他们深为倾倒。

借助于苏联作曲家的这两支练习曲，邓肯凝练地表现了饥荒给伏尔加地区带来的恐惧和冷酷。这两个舞蹈具有一种强烈的恐怖之感，一种可怕的力量。

10月中旬，普列特奇斯坚卡20号的大门敞开了，迎来了希望学舞的孩子们。他们成群地蜂拥而至。

在参加考试的孩子们中，邓肯只选拔了50名天赋最高的孩子作为即将成立的学校的学生。

11月7日，苏联将庆祝十月革命4周年。卢纳察尔斯基问邓肯："您是否愿意那天晚上在大剧院举行的节日演出中表演舞蹈？"

由于他们希望她是节目中唯一的舞蹈表演者，所以这次机会对她不顾那么多的诽谤和反对而来俄国的举动真是一次极大的荣誉和赞颂。于是邓肯告诉好友卢纳察尔斯基，能在这种情况下在苏联第一次公开演出，她将引以为荣。全部入场券将免费送给工人和红军。

邓肯决定跳柴可夫斯基的乐曲《第六交响曲》和《斯拉夫进行曲》。而且，她还依照《国际歌》编了个舞蹈，作为对观众的特别敬意。

节日庆祝的组织者们得悉邓肯的节目内容之后，对《斯拉夫进行曲》感到担忧。他们知道，古老的沙皇赞歌《上帝保佑沙皇》中的几个小节编进了柴可夫斯基这一进行曲的乐曲中。于是派卢纳察尔斯基去看一看邓肯对这一乐曲的表演上是否有对国家不利之处。

卢纳察尔斯基来参加最后的排练，看着邓肯在柴可夫斯基那激动人心的乐曲声中，表现出俄国人民所受的压迫和悲惨的生活，以及他们最终的解放。他离开剧场时，依然沉浸在舞蹈家所创造的感人的力量和罕见的悲剧美之中。

莫斯科大剧院可以容纳3000人，但是超过10倍的热情洋溢的党员想要一睹广为谈论的邓肯的舞蹈。在这3万人中，有一位矮个子，前额凸出而光滑，双目炯炯有神，神采飞扬，融正义、智慧和胆略于一身，尽展大国领袖的非凡气度，那是列宁。

《真理报》《消息报》以及所有的工人报纸都向读者介绍了这位世界闻名的舞蹈家，报道了她是那样勇敢地离开了"面临崩溃的资本主义欧洲"，来到这里为这个新生共和国的孩子们工作的事。

1921年11月7日，邓肯为观众表演了以柴可夫斯基乐曲伴奏的舞蹈。当卢纳察尔斯基以热情洋溢的结束语结束了他的讲话、管弦乐队奏起了《国际歌》时，观众们全体起立，精神抖擞地唱起《国际歌》来。

直到12月3日，舞蹈学校才挂上了"伊莎多拉·邓肯公立学校"这个光荣的名称，正式成立接收寄宿生，这些孩子们才每日前来学习邓肯和艾尔玛教授的基础课程。

有一天，莫斯科画家格奥尔基·雅库洛夫的工作室里，正在举行文艺界朋友的聚会。雅库洛夫是26名巴库委员纪念碑的设计者，一位光芒四射的俄罗斯诗界新星、年轻诗人谢尔盖·叶赛宁为此专门写了一首《二十六人叙事诗》献给他。

雅库洛夫还是卓有成就的戏剧艺术家，常常担任莫斯科大剧院的主角。这次聚会，他特别邀请了初来乍到的邓肯。

邓肯独自坐在靠里边墙角的沙发上，双手撑额，好像是在思考着什么，等待着什么。

忽然，一个小伙子破门而入，直闯进来，一边高喊着："邓肯是谁？她在哪？我要见见她！"

邓肯抬起头来看着他，问道："你又是谁?"

"我叫谢尔盖·叶赛宁。"

叶赛宁被认为是十月革命后的作家群中最有才华的诗人之一。他高高的个子，长着一对蓝眼睛和两道拧在一起的金黄色眉毛。他既漂亮又聪慧。在他的品格与富有诗人气质的性格中，有一种类似于罗伯特·彭斯和阿尔蒂尔·兰波身上的某些素质。革命后，他在莫斯科定居下来。

叶赛宁痴痴地望着邓肯，他不自觉地跪伏在沙发旁。

邓肯纤细的五指插进了叶赛宁蓬松的金发里："金发小冒失鬼。"

当大家听到邓肯说出这几个字时，都感到很惊讶，她总共只知道别人教她的十几个俄语单词啊!

然后，邓肯吻了吻叶赛宁的嘴唇，从她那鲜红的小嘴中，带着愉快亲切的语调，又说出一个俄语单词："天使。"她又吻了他一下，说："魔鬼!"

晨4时，叶赛宁与邓肯双双出门，坐上同一辆马车离开了雅库洛夫的家。在巴尔绍娃别墅，邓肯倾听着叶赛宁朗诵自己的诗歌。她似懂非懂地恍惚置身于一种音乐的氛围里，叶赛宁抑扬顿挫的声调激发了她舞蹈的热情。

她站起来，伴着那平平仄仄的诗行，用舞蹈表现自己对叶赛宁作品的理解。

叶赛宁的好友马连果夫以及意象派的那群诗人们，都成了巴尔绍娃别墅的座上客。邓肯对一下子能和这么多俄罗斯诗人交朋友，感到非常高兴，她愉快地与他们一起朗诵诗，舞蹈，喝酒，通宵达旦。但不久，她发现这些人中，除了叶赛宁的天才可与惠特曼一比，其余人则是疯劲有余，诗味不足。

邓肯在同叶赛宁的爱情中，爱得那么痴迷，那么投入。而叶赛宁是个情绪不定的人，有着农民所固有的粗鲁与傲慢。他经常粗鲁地对待狂热地爱着他的邓肯。

在这场爱情中，邓肯更像一个充满了博大的爱的母亲，而叶赛宁则是一个任性的、不懂事的无赖儿童。在邓肯的眼里，叶赛宁就是她的儿子帕特里克的化身。因此，在她对叶赛宁倾注出全部的爱中，大部分都是母爱。

她曾对好友玛丽说："你看见共同点没有，他活像小帕特里克。帕特里克要是活着，一定会跟他一样的。我能让他受一点儿委屈吗？"

所以，马连果夫无法理解，为什么叶赛宁施加给邓肯农民式的粗暴责骂与殴打，邓肯都能原谅、宽容并为之辩护。

邓肯劝叶赛宁不要和马连果夫们过从太密，引起了叶赛宁的不满。他竟然会在酒醉时当众侮辱邓肯。有一次，意象派诗人们又在巴尔绍娃别墅聚会，邓肯正兴致勃勃地要给来宾跳舞，被叶赛宁鲁莽拒绝。他说："你的舞跳得很糟，我能跳得比你更好。"

说着，就疯子一般地在房子里绕着圈子，发出怪叫，他那些狂放不羁的诗人朋友们大声喝彩。

邓肯的心里一阵绞痛，这倒不全是为了叶赛宁的疯狂，而是她的眼前意外地幻化出帕特里克惨白的面孔，他已经显露出精神疾患的某种症状……她挂着泪花，默默地退了出去。

邓肯用作学校的那所房子虽然宽大，却没有火炉取暖的房间，这大概是政府为帮助她实现俄国之行的计划所真正免费慷慨提供的仅有之物了。

富于同情心的卢纳察尔斯基亲自来告诉邓肯，政府已改变了主意，他们不能再继续支持这所学校。他们正在经历一次严重的经济危机。但是，由于目前允许商店开门营业，而且准许剧院在上演节目时收费，因此，邓肯可以为观众买票演出。那样，她应当能够在目前把学校办下去。也许过一段时间，在较为安定时，政府会尽可能地在各方面帮助这所学校。

为了使这所学校能够生存下去，邓肯到苏联各地，甚至西伯利亚的荒原去演出。因为这是她在这个寒冷、饥饿和成长中的新国家中，怀着坚定的信念所创办的学校。

于是，在 1921 年底前，邓肯开始举行营业性演出。这些演出是在济明剧院举行的。尽管这个剧院比莫斯科大剧院大得多，3 个晚上的每一场演出，剧院全都被真正喜爱舞蹈艺术的热情观众挤得水泄不通。

邓肯这些演出赚到的钱，无法去买到闪闪发光的装饰丝带或五彩缤纷的明亮易碎的灯泡之类的装饰品，但她为学员们买了木柴和食物，还为圣诞节买了一棵冷杉树摆在大厅里。

懂事的孩子们用灵巧的手指，把彩纸剪开、折叠和盘绕起来，做成各种精巧别致的形状，然后用这些折纸把深绿色的树枝打扮起来。

看到这些发自内心的快乐的孩子们，围着他们的第一棵圣诞树欢快地跳舞，邓肯在失望的苦涩中，多少尝到了一点甜蜜。

1922 年初，叶赛宁住进了普列特奇斯坚卡 20 号漂亮的公寓，开始了与邓肯的同居。

意象派诗人们虽然知道邓肯试图疏远叶赛宁和他们的关系，但他们都对邓肯有着良好的印象。他们并不欣赏邓肯和叶赛宁的恋情，这一方面由于邓肯力图拉远叶赛宁与意象派同人的距离，更重要的一方面则是，他们对诗人叶赛宁太了解了，发生在叶赛宁身上的所谓爱情，注定只是一场游戏。

日子一天天过去了，这一时期，邓肯在列宁格勒进行了一系列演出，3 月，她从列宁格勒回到了莫斯科。学校走上了正轨。她不在莫斯科时，由艾尔玛照管这所学校。

叶赛宁像从前一样常来。邓肯经常接待朋友、记者、美国救济协会的成员和其他人的来访。一天早晨，一封从巴黎打来的电报送到了她的房间。她用红肿的眼睛看着电文：

多拉·格雷·邓肯于 1922 年 4 月 12 日在巴黎其儿子的寓所中逝世。

当时，她的母亲正在巴黎，与雷蒙德住在一起。她的身体状况不佳，正在生病。但邓肯没想到母亲这么快便永远离开了她。而且后来她听说，母亲临终前，一直念叨最让她牵挂的女儿伊莎多拉。

从此，邓肯在莫斯科越来越坐卧不安了，她感到自己必须离开莫斯科一段时间。一方面担心叶赛宁的健康状况，更重要的是到外面的世界去巡回演出解决学校的资金问题。而且，可能的话，带上一些最好的学生，以显示一下她正在完成的工作。

邓肯于是打电报给纽约的著名演出主办人尤罗克，问他是否能为自己在美国安排一次巡回演出。尤罗克回电说，他很愿意安排这样的巡回演出，但是提出在秋季之前无法安排。

邓肯计划这次带着叶赛宁一起出行，以便为他彻底检查一下。由于担心诸如护照等出国以后可能遇到的麻烦，一向反对结婚的邓肯决定和叶赛宁到政府机关办理结婚手续。

1922 年 5 月 2 日，伊莎多拉·邓肯与谢尔盖·亚历山德罗维奇·叶赛宁在莫斯科办了结婚登记。他们结婚的消息通过海底电缆向全世界发出后，震惊了所有熟悉邓肯的人。

航程已经安排好，先去柏林，班机凌晨起飞。全体学生都要求到机场送她们亲爱的老师，于是，什尼切尔花了很大工夫借了莫斯科当时唯一的一辆公共汽车，在车身上，贴着一条醒目的大横幅：

有自由的身体才有自由的精神！

叶赛宁是第一次坐飞机，他无比激动，双手握成拳头，不断地划向空中。

美国之行充满艰辛

1922 年 6 月，邓肯带着叶赛宁起程，经吕贝克、莱比锡、法兰克福、魏玛等地横跨德国。

在威斯巴登，邓肯请医生对叶赛宁做了一次全面的身体检查。得出的诊断是，叶赛宁的健康情况不妙，他必须戒酒两至三个月，否则就会成为一个狂躁症患者，神经衰弱也将更为严重。

叶赛宁在邓肯亲自拟写的戒酒书上颤抖着签下了自己的名字。

在威尼斯，叶赛宁无心欣赏水城的曼妙风光和意大利源远流长的绘画、雕塑、音乐、文学，而是迫不及待地要邓肯新聘的秘书基纳尔将他的诗歌译成英文。

基纳尔问他："你为什么急着把自己的作品译成英文？"

叶赛宁说："要是我的诗不用英文发表，会有多少人知道我的名字？会有多少人读我的俄文诗歌？我们的农民都是文盲……"

基纳尔打断了叶赛宁的话，她还不太了解叶赛宁的性格，她继续说："诗歌不像舞蹈，舞蹈是形体语言，是直观的艺术，所以它不需要翻译。在这一点上，伊莎多拉比你幸运。"

叶赛宁脸色阴沉下来，刚才还闪闪发光的眸子也陡然灰暗。他的嗓门越来越大："但舞蹈家绝不可能伟大，更不可能不朽。"

邓肯马上反驳说："对于舞蹈家，她的伟大建立在能够给予人们一些他们永远不会忘记的东西。虽然可能不懂舞蹈，但舞蹈已经使他们起了变化。"

叶赛宁吼道："舞蹈家就像演员一样，第一代人记住他们，第二代人看书知道他们，第三代人对他们一无所知。人们看你的演出，赞美你，甚至欢呼。可是你死后，没有一个人记得你。在短短的几年之内，你就将一去不返，伊莎多拉不存在了！诗人却永远活着。我，叶赛宁，我的诗歌将在身后流传。"

邓肯伤心地说："你错了。我把美给了人们，当我跳舞的时候，我把自己全部的灵魂给了他们，这种美到处存在。美是不会死的，美是上帝。"

到了邓肯一直称之为"现代雅典"的巴黎，叶赛宁对巴黎一见钟情："美极了，这是真正的文化。这儿一切都美！"

在这里，叶赛宁才显示出作为一个诗人的本分，他好几个月都埋头写诗，与邓肯的相处也十分愉快，虽然还是免不了吵架，但诗歌常常能摆平叶赛宁狂暴的脾气。

在这里，比利时作家弗朗斯·海伦斯决定和他的苏联妻子一道，将叶赛宁的诗集《流氓的忏悔》译成法文。海伦斯不拘泥原诗的韵脚，而又力求准确动人，是上乘的译笔。译本由邓肯出资，在巴黎一家俄国出版社付梓，印了两次，共 1023 册。

1922 年 9 月，叶赛宁怀揣着这本诗集，意气昂扬地跟着邓肯登上了驶往美国纽约港的"巴黎号"轮船。

10 月 1 日，星期日。屹立在纽约港口的自由女神像跃入了叶赛宁的眼帘。他和邓肯比肩站在甲板上，眺望着威武崇高的女神，两个人的内心都涌起了复杂的情感。

邓肯像看到了久违的母亲，泪水盈眶："我身上的艺术之光、精神之火、自由之魂，都是母亲，是祖国赋予的。"

叶赛宁也蓦然庄重起来，他以诗人的目光注视着女神，喃喃自语，谁也听不懂他在说什么。

但是，邓肯接到移民局一位官员的通知：邓肯夫妇被拒绝进入纽约。那位官员讲话十分客气，但却不作任何解释："是的，是的，你们的签证完全合格；哦，是的，邓肯小姐是美国人，出生在美国，父母也是美国人。但是……"

他说不出任何不准邓肯入境的理由，前来采访的一位记者向邓肯暗示说："他也是奉了华盛顿方面的命令，当局认为，您和您的丈夫是专到美国来宣传可怕的'赤色'瘟疫的。"

官员要他们去埃利斯岛移民区过夜。

邓肯雕像般地挺立在甲板上，一字一句地说："我和我的丈夫绝不会到移民区去，那对我们是一种羞辱。"

幸好"巴黎号"船长莫拉斯果断地邀请他们作为贵宾留在船上，才避免了事态的进一步扩大。记者闻风而至，邓肯严肃地说："荒唐透顶！我们是想告诉美国人民，可怜的苏联儿童正在挨饿，绝不是来宣传苏联的政治。谢尔盖不是政治家，他是位天才，伟大的诗人。我们到美国来的唯一愿望，就是告诉人们苏联人的诚意，并为恢复两个伟大国家的友好关系而工作。既非政治，也非宣传，我们仅仅是为艺术界工作的。我们相信，苏联和美国的首脑正准备相互理解。"

邓肯对记者微微一笑，接着说："我们的手续完全合法。阻止我们是因为我们来自莫斯科，害怕我们宣传所谓的'赤色'瘟疫。有一件事情让我吃惊，听说美国政府不同情革命。我曾经常受到这样的教育，即我们的祖国是经过一场革命才建立起来的，我的曾祖父威廉·邓肯上将就在那次革命中尽了他崇高的职责。"

美国所有的报刊都报道了这位舞蹈家及她的新婚丈夫到达美国并被移民局扣留了的事。《纽约先驱论坛报》马上发表了著名歌剧演员安娜·菲特齐乌的抗议书：

> 伊莎多拉·邓肯入港受阻，上帝也会笑掉大牙！以创造舞蹈新艺术而饮誉全球的舞蹈大师伊莎多拉·邓肯竟然被当成一位危险的移民！

更多的正直的辩护者为邓肯的遭遇向当局提出了严正的抗议。

第二天一早，邓肯夫妇被长时间地审问后，官方确信了这对夫妇不是"为苏联政府服务"而来的，"没有把某种文件带进美国"，给予放行。

10月7日，星期六，纽约卡内基音乐厅内人头攒动，3000名慕名而来的崇拜者们不时地报以掌声和欢呼声，热闹非凡。外面还挤着数百名观众，伸长脖子，踮起脚跟，企望能得到哪怕是一张站票。

接下来在纽约的几场演出，都非常成功。每次演出结束时，为了答谢观众不肯平息的掌声，邓肯都到前台作一番热情洋溢的演说。

然而在波士顿，那里观众的麻木和音乐厅冷峻的黑暗激怒了邓肯，在演出结束时，她在头顶挥舞着红丝绸围巾，大声发表演说：

你们必须读马克西姆·高尔基的著作。他说过，世界上有三种人，黑色的人，灰色的人和赤色的人。黑色的人就像从前的罗马皇帝或者沙皇，他们都是些带来恐怖的人，想控制一切的人。

赤色的人就是那些为自由，为精神不受限制的发展而欢欣鼓舞的人。灰色的人就像那些墙壁，就像这座大厅。瞧这些头顶上方的雕像吧，它们不是真的，把它们拆除得了！我简直不能在这里跳舞，这里没有真正的生活。

这就是红色，我也是红色的！这是生命和活力的颜色！你们过去曾经是不受文明社会约束的，现在也仍然带着发自天性的感情来欣赏我的艺术吧！

此刻，一些老年人从座位上站起来匆匆离去。哈佛大学的青年学生，以及来自波士顿音乐美术学校的青年男女留下来欢呼喝彩。

邓肯继续说："感谢上帝，波士顿的评论家们不喜欢我。假如他们喜欢我，我反而会觉得自己没有希望。他们喜欢我的材料。我要给你们一些发自内心的东西，我给你们带来了真正有价值的东西。"

帷幕缓缓降落，邓肯再次挥舞红围巾。观众在欢呼喝彩。

第二天，波士顿所有的报刊都把矛头对准了邓肯：

邓肯在波士顿遭到禁演的处罚，她赶往芝加哥，临走前，她对前来看望她的记者发表了一篇演讲：

如果说我的艺术是某一事物的象征，那就是妇女自由和妇女从墨守成规的习俗中，即从新英格兰清教徒的桎梏下解放出来的象征。展示人的身体是艺术，隐蔽它才是低级庸俗。每当我跳舞的时候，我的宗旨是为了唤起人们的尊重，而不是提倡任何卑下的东西。

……我宁愿全裸体地跳舞，也不愿像当今美国街头上半裸的歌舞女郎一样，带有挑逗性地，装模作样地走在大街上。

……我不明白，清教徒的这种庸俗作风为什么一定要制约着整个波士顿？但看来事实的确如此。其他城市则不同。那里既不存在怕美恐惧症，也无人假笑着欣赏滑稽的半裸体。

她的讲话被断章取义地从波士顿电发或邮发到其他各州的所有报社。"红色的伊莎多拉与清教徒的波士顿"成为许多社论的标题，无数以"大众精神""美国人""抵抗红色""热爱真理的人"等名义书写的信件在报上不断刊载。

到了芝加哥，事态继续恶化。几乎所有上层人士都要求立即驱逐"红色舞蹈家"。

经纪人对邓肯一系列演出计划的被取消感到十分不安。他给邓肯打电报说，再也不要做落幕前的讲话了。但邓肯在芝加哥观众的热情鼓励下，她再次走到台上，面带非常天真的微笑，向他们讲话："我的经纪人告诉我，假如我再发表讲话，我的巡回演出就要告终了。那也很好，我的演出是要结束了。我就要返回莫斯科，那里有伏特加酒、有音乐、有诗歌、有舞蹈。哦，对啦，还有自由！"

全场爆发出雷鸣般的掌声。邓肯深受鼓舞，继续说道："我为什么不能发表讲话？我听说你们的歌星阿尔·乔尔森比我的讲话要长得多，比我的反政府情绪要强烈得多。这或许是因为他生有一张黑色面孔。只要让我讲话，我也可以戴上黑色面具嘛！"

台下又一次传来笑声与喝彩声。

结束了芝加哥的演出，邓肯又回到纽约的旅馆。那群记者又来采访。邓肯毫不客气地对他们说："我是来这里休息的，我需要从我整个旅行期间所遭受的、来自美国新闻界的迫害中恢复过来。我每次来到美国，他们都如同一群狼一样围着我嗥叫。他们就像对待罪犯一样对待我。他们说我是布尔什维克的宣传者，这不符合事实。我现在跳的舞蹈与布尔什维克主义尚未形成以前跳的毫无两样。

"波士顿的报纸编造说，我将衣服扯掉，并且挥舞着高喊'我是红色的！'这完全是谎言。我的舞蹈被全美国的舞蹈学校模仿，而当我亲自登台演出时却遭到诽谤，这是为什么？他们乐意仿效我的舞蹈构思，却又不去帮助它的创作者。我的舞蹈，一直在激励着全世界的艺术家对美的追求与热爱，然而在波士顿，只因一位爱尔兰政治家说我的舞蹈不规矩，就被禁止上演。这里包含着你们美国清教徒气质的习俗和教义。"

在纽约做了短暂休息之后，邓肯再次按约西下。她一系列需要完成的预约演出首先从印第安纳波利斯开始。

11月22日，邓肯来到路易斯维尔，举行了一场演出。继而她又由那里出发，开始奔赴预约过的堪萨斯城、圣路易斯、孟菲斯、底特律、克利夫兰、巴尔的摩和费城等若干大城市，做短暂的巡回演出。她的演出预计在布鲁克林结束，因为那里的音乐学校为她在圣诞节之夜安排了一场演出。

1923年，邓肯计划离开美国，她返回纽约，1月23日星期六晚上以及随之而来的星期一晚上，在卡内基音乐厅举行了最后两场告别演出。

由于报纸上攻击性的宣传把她搞得精疲力竭，再加上叶赛宁脆弱的神经不堪失望，一直酗酒，以致身无分文，到了不得不借债的地步。

邓肯和叶赛宁在让娜的陪伴下于月底乘船返航。

临行之时，邓肯面对着许多前来采访的记者，愤激地发表了在美国最后的演讲：

我的确不该对你们这些记者再说一句话……在我演出期间，你们的报纸不惜整版刊登有关我私生活的详情细节。我吃的什么，喝的什么，同谁交往等诸如此类的事，但只字未提我的艺术活动。

实用主义是美国的一大祸害。这将是你们在美国见到我的最后一次，我宁愿在苏联生活，啃黑面包，喝伏特加，也不愿住在这最豪华的旅馆里。你们对爱情、食品，甚至艺术

167

一无所知。

假如我是作为一个筹借款项的外国金融家前来，我将会受到隆重的欢迎。由于我仅仅作为一位世界公认的艺术家前来这里，反而将我看作一名危险分子被送到埃利斯岛上。

我并不是无政府主义者，也不是布尔什维克。我的丈夫和我都是革命者。所有的天才人物都配得上这一称号，每一位艺术家如今必须成为一个在世界上有所创举的人。

那么，再见了，美国！我将再也不想见到你了。

旁边的叶赛宁猛然灵感也来了，说了一句诗："美国就像在欧洲燃烧过的雪茄烟的烟灰。"

几乎在邓肯和叶赛宁离开美国的同时，《托莱多之剑》报上刊登了一则报道：

华盛顿 3 月 9 日讯，劳工部已经决定，伊莎多拉·邓肯不是美国公民。劳工部在星期五宣布的决定中认为，由于她和苏联人谢尔盖·叶赛宁结婚，她已失去美国公民身份。

美国当然也有明智、正义的人士，马克斯·伊·斯特曼就此谈了自己的三个观点：

第一，许多愚蠢的美国人料想着他们嘲笑了邓肯，他们大错特错，是邓肯嘲笑了他们。

第二，邓肯不仅仅是第一流的艺术家，而且是一种精神，是一种道德力量。

第三，邓肯仍然是一个十足的美国人。她被美国放逐，是不可避免的，因为美国历史上还从来没有出现过天才妇女。

最后的岁月

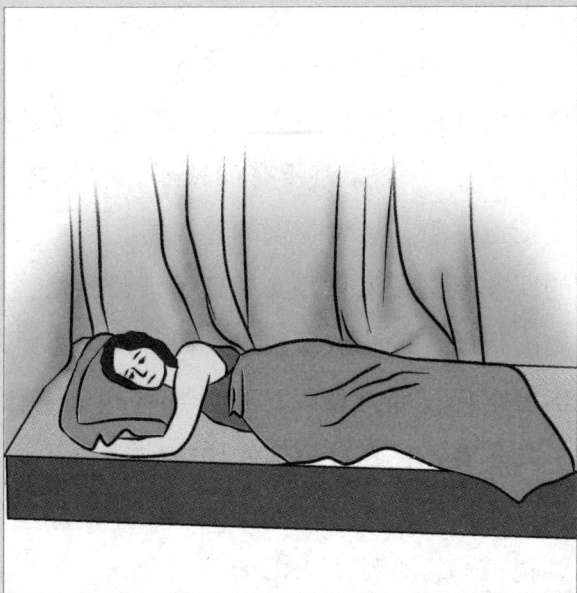

　　孩子们生来就和谐优美，生气勃勃，他们就像洁净的陶土，可以被人们打上欢乐、强健、自然等一切印记。

——邓肯

在俄进行巡回演出

1923 年 2 月 11 日，邓肯乘"乔治·华盛顿"号轮船，一路伴随着叶赛宁"美国是混账透顶的人类渣滓"的诅咒抵达了法国瑟堡。

邓肯带着剩余的贷款抵达巴黎后，她和叶赛宁径直到了克里永旅馆。她病倒了，躺在床上。

重新回到巴黎，回到欧洲，叶赛宁简直有些受不了。他恨不得立即将对美国的全部记忆都淹没在酒中。一天夜晚，他从外面返回在克里永旅馆的房间，疯子一般打碎所有的镜子，并损坏了房间内的木器。警察到来才把他制服，送到附近的警察局。

邓肯和她的朋友佩克夫人只好又搬到了莱茵旅馆。然后，靠几位有影响的朋友们的帮助，设法从警察局接回了狂暴的丈夫。

叶赛宁一出警察局，邓肯便设法避开那些纠缠不休的新闻记者，和丈夫一起到了凡尔赛，住在特里亚农旅馆。

然而，生性多事而嗅觉发达的美国新闻记者依然闻风紧追，他们的报纸仍在继续报道邓肯和她丈夫的活动。

最终决定，叶赛宁最好返回苏联，而不要再去冒犯法国警察了。

邓肯回到豪华大街后，又开始展望未来。她想要演出，可是难以找到一位经纪人。她的秘书乔·米尔沃德和雷蒙德决定带上乐队在特罗卡德罗剧场为她安排两场演出。由于没有精心组织好，剧场上座率不好。而经邓肯的请求，为在苏联挨饿的孩子们，他们提前支付了演出所应得的收入。所以，这两场演出没有给她带来任何余款，能使她再继续演出。

5 月 27 日，在特罗卡德罗剧场举行了首场演出之后，邓肯接待了几位挚友，一小批艺术家和诗人。

叶赛宁却与这些客人格格不入，干脆上楼回自己的房间去了。后来，当有人弹奏贝多芬的奏鸣曲时，他生气地奔了进来，用俄语吼道："一帮得意忘形的家伙，行尸走肉，一群懒汉邋遢鬼，你们把我吵醒了！"

他抓起一个蜡烛台，朝一面镜子砸去。顿时，碎玻璃落了一地。有几个人试图阻止他，一个仆人给附近的警察分局打了电话。

4名警察很快骑车来到，把叶赛宁带走。叶赛宁还轻声地说："还是警察好，我跟你们走！"

第二天早上，在朋友们的劝说下，邓肯将丈夫从警察局转送到疗养院。而在叶赛宁的几位朋友的努力劝说下，邓肯才允许把丈夫送进一家普通的精神病院。因为疗养院的收费之高，令人咋舌。

多事的记者们仍然在搜集着她的私生活，并利用以较大篇幅登载社会丑闻和杂谈的报刊进行宣扬。这次邓肯不再保持沉默，而是在报纸上发表文章予以驳斥。

6月3日举行第二场演出后不久，邓肯决定，除了卖掉她在豪华大街的家具，将房子长期租出去，与此时已出院的叶赛宁一起返回苏联，别无其他办法。

家具一件一件地被卖掉了，用这笔钱支付一位每天拿出那张3000法郎的账单来催着要账的裁缝。房子腾空了以后，租给了一个身份不明的苏联人。

随后，叶赛宁就由让娜陪同去了柏林。而邓肯因高烧持续不退，却只得留在巴黎。

没几天，叶赛宁从柏林拍来一封莫名其妙的电报：

伊莎多拉，勃朗宁手枪定将打死你亲爱的谢尔盖！我亲爱的，假如你爱我，请快来呀，快来！

邓肯急忙将手头上的 3 幅埃热尼亚·卡里耶尔的油画当了 60000 法郎，立即赶赴柏林。

这样好的题材美国记者当然不会放过，他们对邓肯夫妇的每一个细枝末节都进行大肆渲染，仿佛把一个细菌搁在千万倍的放大镜下，让人看到奇异而滑稽的场面：

接见记者的房间光线很暗，但记者可以看见这位著名舞蹈家眼睛周围的黑圈。这使人想起从纽约发出的一篇报道，说伊莎多拉曾经在一次和她粗野丈夫的争执中被打得眼圈发青。伊莎多拉解释说："那是描眉笔画的。"

流言四起。可邓肯顾不得那么多了，去柏林前夕，她给《纽约论坛报》的巴黎版写了一封信，这封信体现了邓肯对叶赛宁、对艺术、对命运的深刻理解：

我写这些事实是为了公正地对待叶赛宁，你们曾两次捏造说他打过我。我了解，这是美国新闻界拿别人的不幸和灾难开玩笑的一贯伎俩。但是，对这位从 18 岁起就饱受战争和饥荒恐怖的年轻诗人来说，的确命中注定眼泪多于欢笑。我想，世上所有母亲都会同意我的看法。

谢尔盖·叶赛宁是个伟大的诗人，而且，在正常状态下，是一个心灵很美的人，所有的人都喜欢他。

高尔基曾对我说过："自有果戈理和普希金以来，我们还没有过像叶赛宁这样伟大的诗人。可惜，果戈理死于精神病，普希金早年遇害，诗人们的命运都带有悲剧色彩啊！"

你们可以想象，发生的事情使我深深地悲伤难过。我把叶赛宁从生活困苦的苏联带出来，是为了替世界拯救天才。他现在要回到苏联去，是为了保全他的理性。我知道，世界上会有许多颗心和我一起祈祷，希望这位想象力丰富的伟大诗人会得到拯救，在未来创造出人类十分需要的美。

当邓肯的汽车开到柏林阿德龙饭店门前，叶赛宁直扑过来，他越过司机的头顶，投入了她的怀抱之中。他们拥抱着，长长地亲吻。叶赛宁跪在邓肯跟前，不停地呼唤着她。

1923 年 8 月 5 日，在外辗转奔波了近 15 个月后，邓肯和叶赛宁抵达莫斯科。莫斯科火车站的月台上挤满了前来欢迎的人群，艾尔玛和什尼切尔都在其列。

叶赛宁踉踉跄跄地走下了车梯。终于回到苏联所激起的巨大的感情波澜，连同进入故乡边境后就不断吞入肚里的伏特加酒，使他沉浸在极度的兴奋之中。

当他们来到学校时，校园里冷冷清清。孩子们都到农村避暑去了。叶赛宁一头倒在躺椅上。在他沉睡时，邓肯讲述着旅途见闻，让朋友们一饱耳福。

午饭后，邓肯建议马上去乡下看看为避暑临时迁去的学校。同孩子们分离一段时间以后，她很想知道他们现在怎样了，在艾尔玛指导下进步如何。

他们租了一辆汽车，在莫斯科郊外崎岖不平的简易马路上颠簸。醒过酒来的叶赛宁看见了一群悠闲的母牛，兴奋得跳了起来，头重重地磕在汽车顶篷上。他一边揉着痛处，一边伏在邓肯的肩上说："没有母牛就没有农村，没有农村的苏联是无法想象的。"

他们足足花了 4 个多小时才到达目的地。当他们来到通向学校的庭园时，夜幕已经降临。

孩子们听说老师回到了莫斯科，便派出侦察员，等老师一到便由他们用灯笼发出信号。邓肯一跨出汽车，孩子们便翩翩起舞，簇拥着她进入屋里。

学校一切正常。孩子们的舞蹈越来越迷人，叶赛宁用手拍打着膝盖，不时地发出爽朗的笑声，恨不得也加入到那支生动活泼的队伍当中去。

尽管这里有快乐的孩子们的陪伴，但邓肯并未在乡间久留。转天，大雨倾盆，她极度郁闷，叶赛宁决定回城，她只好陪着他进城。

当他们再次来到普列特奇斯坚卡时，因为一件小事，他们又吵起来了。叶赛宁将屋子里能摔的东西都摔了之后，一走了之，3天杳无音信。

邓肯天天彻夜难眠，一到清晨，她就起床在外面逡巡，她不断地对艾尔玛说："他一定遇到什么事了。他受伤了，出事了，得病了。"

白天，她在焦躁不安的等待和急切的盼望中度过。到了傍晚，她又喃喃自语："不能总是这样，该结束了！"

经过3天忐忑不安的等待，邓肯决定远远离开莫斯科，到别处去度过夏季余下的日子。

她出去买了两张当晚去高加索基斯洛沃德斯克的火车票。认定在她的生活中叶赛宁插曲已告结束，邓肯不禁产生了一种如释重负的感觉，开始重新收拾行装。

让娜留在巴黎未来，艾尔玛亲自为养母准备旅途用品，她惊讶地发现，邓肯的衣服少得可怜，她甚至连一件睡衣也没有，衣箱空空如也，仅有的几件刚好够换洗，都是在苏联买的。

艾尔玛问道："我记得您原来有很多漂亮衣服的。"

邓肯苦笑着说："我在纽约和巴黎买的那些新衣服没过多久就一一不见了，开始我怀疑让娜，后来我才偶然发现叶赛宁的一只皮箱里躺着我几天前刚从豪华大街上买的一件黑睡衣。我的衣服陆陆续续不翼而飞，钱就更不用说了。"

艾尔玛不满地说："您应该以牙还牙，唯一可行的办法是，打开叶赛宁所有的箱子，拿回您自己的东西！"

邓肯赶紧阻止："我们不能这么办。他有一种怪癖，不准别人碰他的箱子。好几次他威胁说，如果我胆敢瞧瞧他箱子里的东西，他就开枪打死我。我知道他在一只箱子里藏着一把上了子弹的左轮手枪。我们可不能轻易动他的箱子。"

艾尔玛狡黠地一笑："反正他不在这儿，我们请个锁匠来，打开瞧一瞧再关上，他察觉不了的。"

艾尔玛便出去找技术高超的锁匠，锁匠用精妙的技艺打开了那把精妙的锁。里面除了几页稀疏的诗稿外，都是邓肯的衣物，包括演出穿的裙子。

这时，叶赛宁伴随着一声狂吼闯了进来："是谁敢动我的箱子？我要杀了他！"

艾尔玛连忙把锁匠推到身后，走上去解释说："我们都以为你不回来了，才准备将你的箱子搬出去，因为我们也要走了。"

叶赛宁这才平静了一些。随即，他走向一只箱子。从衣袋里掏出一大串钥匙，挑出其中一把，打开了一只皮箱。当他正忙于拿出他所要的东西时，邓肯走过去，飞速拿出了一件衣服。

这一下倒是分散了叶赛宁的注意力："走？你要到哪里去？"邓肯平静地说："永远离开你。"

叶赛宁看着她。邓肯转过身。叶赛宁转过去，看着她。邓肯再转过去。

叶赛宁轻轻地绕到邓肯的后面，倚在沙发上，俯身对着邓肯说："伊莎多拉，你不知道我有多爱你，我非常非常爱你。"

邓肯的决心一下就被打碎了，她张开双臂抱着叶赛宁金色的头："谢尔盖，和我们一起走吧！"

叶赛宁却说："伊莎多拉，我爱你。但我暂时不能去，我们正在努力，政府或许会把我召进克里姆林宫，商谈拨款给我们办杂志的事。这么重要的事情，我不能走啊！等我将一切安排好了，我就来找你。我们也许会在克里米亚相聚。"

晚上，叶赛宁赶到了车站为邓肯送行。他难得一回那么清醒而安详，脸上挂着纯真的笑意，充满感情地和邓肯道别。

火车启动了，邓肯不停地向叶赛宁挥舞着手中的纱巾，直至那一头金发消失在茫茫夜色中。

邓肯起程前往高加索的基斯洛沃德斯克。这是苏联的疗养胜地，那里有温泉，含矿物质的泉水装瓶运出，行销全国各地。

邓肯和艾尔玛经过两天半的奔波，于8月的一个清晨6时到达这个小镇。

邓肯很快就适应了这里的生活。早晨，她用令人精神焕发的矿泉水洗浴，中午在库尔豪斯进餐，随后在附近风光旖旎的乡间乘车兜风，傍晚又回到库尔豪斯用餐，饭后去剧院看戏或听交响乐队演出的音乐会。这样生活了一周左右。她感到有些厌烦了，决心振奋起来做些事情。于是，她决定在高加索巡回演出，首场演出在基斯洛沃德斯克举行。

基斯洛沃德斯克虽然是一个小镇，但人声嘈杂，秩序混乱，有关暴动的消息时有耳闻。这是邓肯在高加索的第一站，她的心里掠过少有的紧张。

剧场座无虚席。而两名全副武装的肃反官员几乎与邓肯同时登台，他们郑重地告诉邓肯："《斯拉夫进行曲》有'上帝保佑沙皇'一段，所以务必取消。"

邓肯用结结巴巴的俄语竭力解释说："我在十月革命4周年的纪念会上，曾在所有的共产主义领袖们面前用舞蹈表演过这支乐曲，卢纳察尔斯基同志曾为此写了热情洋溢的赞誉文章。我已在世界各地表演过这个节目，现在不准备在一个苏联小镇放弃这一节目。"

但肃反官员是不懂舞蹈的，他们寸步不让。邓肯不屑继续与他们交涉，径直绕过帷幕走到台前，面对着急切等待着的观众。第一阵热烈的掌声平息后，她问剧场里是否有人能将她的话译成俄语。坐在第一排的一位男士自告奋勇地站了起来，愿意提供帮助。

邓肯说道："后台有几位警察局的官员。他们来逮捕我！如果我今晚为你们表演柴可夫斯基的作品，他们就要逮捕我。但是即使他们事后拘捕我，我也要跳这支乐曲。无论如何，监狱也不会与大旅馆的客房相距太远吧！"

此时，那位主动担任翻译的人大声说："邓肯同志，您不必担心。我以伊斯普尔科姆苏维埃主席的身份，准许您表演柴可夫斯基的进行曲。"

观众们激动万分，爆发出雷鸣般的喝彩和掌声。邓肯嫣然一笑，向主席致谢后退回了后台。

两位契卡官员只好离开了舞台，邓肯再次出场。她对柴可夫斯基的两部作品以及《国际歌》的戏剧性处理掀起了观众们感情上的波澜，如潮的喝彩声此起彼伏，一阵高过一阵。上万观众一齐欢呼。邓肯鞠躬致谢。

当演出结束，邓肯回到旅馆，才知道她的秘书什尼切尔已被逮捕。邓肯怒火中烧，却又束手无策。

来访的作家马克斯·伊斯门了解了情况后，告诉邓肯："军事部长托洛茨基同志正在这里，不妨请他帮忙。但他不见任何人。这样吧，我因为给他写传记，有机会接近他，你写一张便条，我帮你递进去。"

几天后，伊斯门捎了话来："事已办妥，平安无事。"

果然，什尼切尔毫发无损地出来了。

风波之后，邓肯觉得，如果迁往更边远的地区对她和她的朋友们也许会安全一些。因而她决定前往里海岸边的石油名城巴库。

到达巴库后，邓肯到欧罗巴旅馆。她刚一露面，旅馆老板和他的夫人就迎了过来。他们向她问好，欢迎她的到来。他们告诉邓肯，很早以前，他俩在德国见过她。邓肯美妙的舞姿已成为他们珍贵的回忆。

在邓肯逗留期间，他们对她关怀备至，并且总是亲自做这做那，在条件允许的情况下，尽量让她住得舒服一些。

一次，在一个小俱乐部里，邓肯为工人子女们举行了一场免费的午后演出。在节目开始前，她把几个孩子叫上舞台，给他们上了舞蹈训练的第一课。随后她表演了几支舒伯特的圆舞曲、《音乐瞬间》以及肖邦的小夜曲。

小观众们兴高采烈地发出发自内心的热烈的喝彩和掌声。

邓肯决定接受几名有舞蹈天赋的孩子进入她所执教的莫斯科舞蹈学校学习。让他们接受几年训练，然后返回巴库去教其他的孩子们舞蹈。国家石油公司已经同意资助。但在一番讨论之后，由于缺少有远见卓识的政府官员的支持，这项计划无法实现。

邓肯十分喜爱孩子们，她仍为孩子们安排了一个特殊的盛会。通过旅馆德国老板的热情帮助，她请来了小管弦乐队。在他们的伴奏下，她指点艾尔玛排练了许多她大约在20年前自编自演的舞蹈节目。

满怀失望离开苏联

离开巴库，邓肯来到坐落在激流奔腾的库拉河沿岸的梯弗里斯。昔日她来俄国旅行时，曾到过这个古老而又美丽的格鲁吉亚首府。

在从巴库去梯弗里斯的车厢里，一个陌生人走到什尼切尔身边问："邓肯在这个车厢吗？我手上有一封叶赛宁写给她的信，他让我当面转交。"

邓肯接过了那封信，内容很简单，叶赛宁被杂志的事绊住了，一时半刻来不了，他还是许诺在克里米亚见面。邓肯感到奇怪："怎么还要留在莫斯科？"

邓肯到达市中心几个小时后，高加索共和国主席埃尔耶阿瓦就前来拜访，并向她表示了敬意。他对这位舞蹈家已久闻大名。埃尔耶阿瓦不仅是位蜚声全国的革命战士，而且是个地道的格鲁吉亚人，他十分希望邓肯这次访问苏维埃领导下的梯弗里斯，会同前次访问时一样顺利、愉快。他告诉邓肯，他非常愿意陪她在乡间乘车出游。

尽管梯弗里斯近于热带气候，暑气逼人，但邓肯在这里的数场演出仍取得了巨大的成功。

离开梯弗里斯之前，邓肯前去参观了无家可归的亚美尼亚儿童集中营。这个庞大的营地设在距梯弗里斯几千米的地方。

像平日一样，邓肯为孩子们表演了一个朴素的舞蹈，使得他们兴高采烈。随后，通过翻译，邓肯为他们上了舞蹈第一课。离开营地时，她许诺捐赠一些红色舞蹈服装给他们，教师们可以将衣服送给那些跳得最好的女孩子们。

邓肯高加索之行的最后一站是笼罩在 8 月末灼人的酷暑之中的小

镇巴图姆。邓肯来到小镇后，当地政府安排她住进了一座美丽的别墅。革命前它属于一个法国富豪，这个法国富豪在房前屋后的花园里栽种了许多欧洲和热带花卉。这是一个乐园，可惜离镇中心很远。

此时这里正是雨季，滂沱大雨已经持续了 48 个小时，邓肯越来越感到抑郁。

第三天雨依旧未停，邓肯悄悄地离开了别墅，来到通往镇上的大路，搭车向剧院赶去。

邓肯来到剧院时，虽然全身湿漉漉的，但内心却欣喜万分。因为她在那里巧遇一位格鲁吉亚年轻诗人，他是契卡首脑的弟弟。当瓢泼大雨稍小一些的时候，别墅里的其他客人四处寻找她。在巴图姆，他们发现她已在这位年轻人的公寓住了下来。

遇到这样一位声名显赫的女士，年轻人不禁有些为之倾倒。并在这里把她介绍给一些年轻的格鲁吉亚诗人。很快，他们把她当作缪斯。随后，他们在外面的楼梯上坐了一夜，为他们这位新来的缪斯守夜。

直到离开巴图姆，邓肯一直住在这位年轻诗人的公寓里。

这时，黑海舰队的一艘驱逐舰和一艘潜水艇正在巴图姆港停泊。一天，政府官员们拜访了邓肯，询问她是否愿意为舰长和水手们免费演出一次。她欣然同意，为他们安排了一场日间演出。她用舞蹈表演了柴可夫斯基的曲目，并像平时一样，以《国际歌》作为演出的压轴戏。台下的水兵们起劲地随着歌唱。

尽管这里的诗人群体热忱欢迎邓肯的到来，并拜她为"缪斯女神"，但这无法驱走邓肯脑海中另一个诗人的身影：叶赛宁。

邓肯听说从这里可以坐小火轮走水路到达克里米亚，她立刻辞别了这群巴图姆诗人，乘船前往位于克里米亚半岛的雅尔塔。她希望那里会比高加索更容易吸引叶赛宁前去。到达雅尔塔后，邓肯兴奋地给叶赛宁发了电报：速来！

但不久的回电令邓肯悚然一惊：

请不要再给叶赛宁来信和来电。他和我在一起。他永远
也不会回到你的身边去了。加琳娜·贝尼斯拉芙斯卡娅。

邓肯看过电报后，赶忙召来艾尔玛和什尼切尔："你们相信这是
真的吗？这个贝尼斯拉芙斯卡娅究竟是谁？"

什尼切尔说："是叶赛宁过去的朋友。在你之前，他们的关系就
很好，但叶赛宁总是和她不冷不热。"

后来邓肯了解到，这封署名为"贝尼斯拉芙斯卡娅"的电报完
全是叶赛宁的亲笔，只不过是借了贝尼斯拉芙斯卡娅之名。此刻的叶
赛宁，并没有与贝尼斯拉芙斯卡娅住在一起，主要是他下决心要和邓
肯分手了。当他又接到邓肯的电报时，匆忙用铅笔写了复电：

我早在巴黎时就说过，我要回苏联去。我是属于苏联
的。你责怪我，怨恨我吧，我非常爱你，但是我不能和你一
起生活。现在我已经结婚，而且很幸福。我同样祝福你。我
爱别人，已结婚，并快乐。

叶赛宁

电文是发出了，但邓肯却没有收到。因为她在电报发出的第二
天，即 10 月 12 日，便动身返回莫斯科了。她急于了解真相。

邓肯找遍了莫斯科的每一个角落，连叶赛宁的影子都见不着，他
们熟悉的咖啡馆和朋友均不能或不肯提供他的线索。

但是，叶赛宁的行为非常不检，遭到人们的非议，连他的朋友施
奈德也将他从那里赶了出去。一天下午，叶赛宁终于露面了，他冲进
了邓肯居住的普列特奇斯坚卡街 20 号，邓肯正在房间里与来访者闲

邓肯·最后的岁月

聊，她看见叶赛宁进来，笑着迎了上去。

叶赛宁醉醺醺地叫嚷着："少来这一套，快把我的胸像给我！"

他所说的那个胸像，是苏联杰出的雕塑家科尼奥可夫用一大块整木为他雕刻而成，摆在了最醒目的古董柜的顶层。

邓肯柔声劝道："谢尔盖，你喝醉了，先放在我这吧，待你神志清醒了，再来拿。"

但叶赛宁用力地推搡着邓肯，嘴里喷出的酵母味让邓肯阵阵作呕，叫嚷着："我没醉，我清醒得很。那是我的胸像。"

他拖了一把椅子到柜前，摇晃着站了上去。他紧紧抱住了那只胸像，突然连人带像跌倒在地上。

邓肯惊叫着，正要上前去扶。哪知叶赛宁一跃而起，逃命似的跑了出去。

邓肯望着他的背影，心彻底碎了。在场的每一个人，都被深深地刺痛。从此，邓肯与叶赛宁再也没有见面。

邓肯所有的精力都花在教学上，其实，谁也猜测不出她内心的愁苦有多么深重。邓肯不断地教孩子们学习新的舞蹈，她创造出一种"爱尔兰吉加舞"，用舒伯特的音乐伴奏，单纯、跳跃、洋溢着欢乐。她亲自为舞蹈设计了服装，芭蕾舞短裙全是鲜绿色的。

她说："我的血管里流着祖父遗传给我的爱尔兰血液。在爱尔兰，革命的颜色不是红色，而是绿色，因为爱尔兰的革命者都是被吊在树上绞死的。"

她还用苏联、爱尔兰、法国、中国的革命歌曲创作了一批舞蹈，影响波及全球。在法国，在中国，在北美和加拿大，到处都有像莫斯科一样以"伊莎多拉·邓肯"命名的艺术学校，它们的节目广受欢迎。

1924 年 1 月 21 日，列宁逝世。

尽管邓肯从未与这位伟大的领袖接触过，但他的去世仍使她深感悲痛。在进入工会大厦的大厅里瞻仰列宁的遗容之前，她在一位朋友的陪伴下站在外面工人农民的行列里，冒雪等待了好几个小时。

但几十万群众列队缓缓绕过遗体的悲壮场面，给了邓肯无穷的力量。她特意为列宁创作了两首葬礼进行曲以寄托自己的哀思。以后，在苏联所有的演出中，邓肯都是以这两支葬礼进行曲作为开场戏，场场爆满。在古老的拥有 50 万人口的乌克兰首府基辅，邓肯连演 18 场，满城都在欢呼："邓肯，邓肯，美丽的女神！"

邓肯卓绝的舞姿和非凡的表现，使苏联人民深切地感到：列宁永远活着！

这一年 10 月，邓肯又在一篇文章中写道：

列宁的最伟大之处，就在于，他真正爱全人类。

学校的财政又发生了困难。邓肯与经纪人季诺维也夫商讨着进行一次庞大的巡回演出，计划前往伏尔加地区、土耳其地区、乌拉尔地区，还将到西伯利亚，从那里进入中国。

邓肯听说能去中国，高兴地说："那是我一生的梦，美丽而神秘的东方，那儿有非常美丽的刺绣。"

可是，这次巡回演出从一开始就不顺利，边远地区，没有文化，人们对舞蹈缺乏最基本的理解，简直一窍不通。这次远东巡回演出只得半途而返。8 月中旬，邓肯回到莫斯科来签订去德国巡回演出的合同。在学校，她的 500 名学生以美妙的舞蹈迎接她的归来。

她热泪盈眶地看着他们，说："见到这些孩子们在阳光下优美自然地载歌载舞，我所受的磨难又算得了什么呢？"

邓肯冒着酷暑，天天到运动场亲自为孩子们授课，她为他们的不断进步而欣喜。

1924 年 9 月 28 日，邓肯在这个难忘的周末举行了告别苏联的演出。

一代舞后意外去世

1924 年 9 月，邓肯掀过了她生活中苏联之旅的一页。按照合同，她到了德国演出。9 月 30 日凌晨，邓肯登上了飞往康尼格斯堡的飞机。

随之而来的是一段充满了新的失望和不幸的日子，当她到达柏林时，才知道她签订的德国巡回演出的合同纯粹是一场骗局。邓肯立时陷入困境，许多曾经的朋友都避而不见。

更令人寒心的是，几十年来患难与共的姐姐伊丽莎白也不理她了！伊丽莎白的周围都是一些大腹便便的富翁，她那所设在波茨坦的学校也断然拒绝邓肯的加盟。

雷蒙德在法国尼斯，邓肯想去那儿求援，法国方面马上传来消息，不能给"布尔什维克的宣传者"签证。

邓肯被迫将自己出场的价额一降再降，仅仅能维持基本的吃和住，经纪人却在其中大发横财。布卢特内尔大厅里，观众高涨的热情使邓肯暂时忘记了窘境。

幸运的是，一位不愿透露姓名的美国朋友每天给邓肯送来一块烤牛排，他对邓肯说："我没有钱，买不起更好的东西。但是，你一定要挺过去，伊莎多拉，全世界不能没有你的艺术。"

还有两位年轻的美国留学生，歌手马丁和钢琴师阿伦·科，虽然他们的津贴十分有限，但他们总是为邓肯拿出最后一个便士。当他们也一文不名时，就写信给外地的朋友，托他们找邓肯在当地的朋友，给予支援。

邓肯在绝望之中，忽然收到一笔来自美国的汇款，有几百美元。

而此时，好友塞西尔·索雷尔恰好帮她搞到了签证，邓肯又到了巴黎。

到巴黎不久，邓肯就病倒了，支气管炎，牙痛，神经衰弱，弄得她痛苦不堪。

雷蒙德多年来经营手织地毯和布匹，生意兴隆，财源茂盛。他带着病中的邓肯离开了潮湿多雾的巴黎，南下气候宜人的里维埃拉。

雷蒙德一直是个禁欲主义者，他担心这对邓肯的健康没有好处，便在尼斯的加利弗尼亚区为邓肯租下了一家小剧院。邓肯的心情慢慢好转。

1925年4月的一天，邓肯在内格雷斯科旅馆附近的海滨浴场休息，被苍蝇叮了一下。她当时没有在意，不料几天后右臂就剧烈地肿胀起来，只得让医生用刀割开肿胀的部位。她在卧床期间，对前来看望的作家乔治·莫尔韦说："真的没用了，一只苍蝇都可以把我打倒。"

莫尔韦笑着说："生命本就是脆弱的，但是命运能让人变得坚强。伊莎多拉，你是一个打不倒的人！"

这时，美国一家出版商找到了邓肯，他们愿意以重金买下她的回忆录。乔治一听，兴奋地对邓肯说："这是一次难得的机会。这么多年了，你完全能够写出一本好书，不仅仅是畅销，而是不受外界干扰，认真地审视自己的内心。这也是另外一种形式的表演，用语言文字演绎自己的思想感情。"

邓肯在乔治和西班牙作家布拉斯科·伊瓦涅斯的鼓励下，拿起笔来，她有时自己写，有时口授给速记员，进展较顺利。持续了两年，回忆录写到一半，这就是流传于世的《邓肯自传》。但遗憾的是，这本传记永远只是半部。

1925年秋，稍稍宽裕一些的邓肯又闲不住了。她还是想办学校。她想，倘若能与法国共产党合作，在他们的赞助下创立一所可以接收

邓肯·最后的岁月

1000 名无产阶级儿童学习舞蹈的学校，他们一定会同意。

她请来了曾为她担任过秘书的小说家安德烈·阿尔恩伊弗尔德，自信地说："请他们给我送来 1000 名学生，我会让他们创造奇迹。孩子们生来就和谐优美，生气勃勃，他们就像洁净的陶土，可以被人们打上欢乐、强健、自然等一切印记。如果我们善于引导，让他们通晓舞蹈的含义，那么所有的孩子都能跳舞。形体训练尚在其次，首先必须培养孩子们的心灵。

"我会将我最优秀的学生从莫斯科接到这里，她们将在这所学校里担任班长，由我为她们提供衣食。但你得向共产党的领导人强调，要实现这一切，务必有足够的资金。"

法国共产党对邓肯的提议很感兴趣，他们专门派了一位代表来与邓肯商讨有关经济问题。但谈判进展缓慢，因为法共内部意见不一，代表们犹豫不决，大半年过去了，这件事依然未能拍板，来自法共的回音总是温和的"继续考虑"4 个字。

1925 年岁末，邓肯接到了艾尔玛发自莫斯科的电报：叶赛宁死了！邓肯写了一封长长的回信，其中说：

谢尔盖的死使我大为震惊，我痛哭了好久。他似乎经历了人世间的一切痛苦。我自己也遭受了一系列的灾难，以致时常想到随他而去，不过我会选择投海。但目前我还不能这样做，我有一个未来的计划需要完成。

这个"未来的计划"就是指邓肯还在苦苦努力地与法共合作办一个千人规模的学校。

不久，邓肯接受英国联合报刊驻尼斯记者的采访，最后她沉痛地说："现在全世界都在笑，而我却在哭。"

1926 年 9 月 10 日，邓肯在巴黎举行了一场李斯特专场作品的演出。期间，法国诗人让·科克多朗诵了他的成名作《埃菲尔铁塔的婚礼》，而后，又即兴朗诵新作《俄耳浦斯》。

俄耳浦斯是希腊神话中善弹竖琴的歌手，邓肯在诗歌婉转的旋律里听到了缥缈的琴声，她翩翩起舞，仿佛又回到了希腊那神话般的氛围中。

不久，邓肯决定拍卖她在涅宜的住宅。那是一块伤心之地，她的两个孩子就是从那里出去被塞纳河水夺去了生命。另一个原因则是她负债累累，1922 年的一笔 3000 法郎的欠款，加上高额利息，到 1926 年已超过了 10000 法郎。

11 月 24 日，邓肯接到了莫斯科法院的通知，鉴于她是叶赛宁的遗孀，确定她有叶赛宁财产的继承权，一共约 40 万法郎。这笔钱对邓肯来说，实在是太宝贵了，她的口袋里连吃下一顿饭的钱都没有了。

但她不为所动，马上草拟了一份电报，发往莫斯科法院的首席法官，声称放弃对叶赛宁财产的一切权利，并建议将其赠予叶赛宁的母亲和妹妹，她们比她更迫切需要这笔钱。

第二天，法院就以 31 万法郎的低价卖出了涅宜的住宅。

这笔钱很快就被她以前欠的各种债务侵蚀一空。不久，她托身的吕特蒂阿旅馆的办公室给她送来了一张账单，9000 法郎！信封内附有便条：

如果这张账单不能在当晚付讫，邓肯女士必须搬出此室。

有生以来邓肯第一次以这种方式被勒令离开旅馆。她所遭遇的困境，激发起许多文化人的良知。在巴黎上层社会极具感召力的多萝西·爱尔兰小姐的公寓里，正在召开一个紧急会议。

主要议题是迅速成立一个委员会，筹集资金，争取在涅宜住宅第二次拍卖时将其买回，让邓肯重新成为它的主人。这个委员会的成员有：塞西尔·萨尔托里斯女士、伊奥尔斯卡女士、安德烈·阿尔恩伊弗尔德先生、乔治·丹尼斯先生和阿尔弗雷多·赛兹先生。

伊奥尔斯卡是一位卓有成就的女演员，她的古道热肠和大义凛然享誉欧洲演艺界。有一天，她来到了萨布隆斯大街邓肯蛰居的那间阴暗的小工作室里，只见家徒四壁，连一只衣箱也没有，邓肯正在津津有味地看着一本书。

伊奥尔斯卡问道："伊莎多拉，你随身的东西呢？"

邓肯笑道："就在那儿，那只手提袋里。"

伊奥尔斯卡走过去看了看："这只有些纸。我问你的衣服放在哪？"

"衣服吗，我都穿在身上了。那个手提袋装着我的全部财富，它们是无价之宝，我的信件和回忆录，那是我感情的全部寄托。"

"伊莎多拉，你还剩多少钱？"

邓肯笑了，她掏出钱包里所有的钱说："来，咱们一起数数，哦，5 法郎，35 生丁。"

"真恐怖。你怎么还能安心躺着看书呢？"

"我过得很好，我在读《雅歌》。你能给我读一段吗？"

"现在？不行！伊莎多拉，答应我，为生活作一次让步，如果你能在香榭丽舍大街音乐厅工作两周，他们就会付给你 5000 法郎，他们马上想和你签合同。"

"亲爱的伊奥尔斯卡，非常感谢你的好意。我不会原谅任何背叛自己艺术的人。艺术是神圣的，除了儿童之外，艺术是世界上最圣洁的东西。"

"伊莎多拉，你不是要办学校吗？办学校离不开钱啊！"

"说实在的，我并不怕没钱。我最怕的是夜晚到来，我总在那时想起我的孩子，可怜的孩子。来，请给我读《雅歌》吧！"

伊奥尔斯卡为此次专访写了一篇感人肺腑的文章：

　　我读完此书时，她在哭泣。当她告诉我她仅有 5 法郎时，她还在笑着。当她告诉我那个已被信件占去一半的手提袋装有她的全部财产时，她仍在笑着。然而，当她听到《雅歌》时，却泪流满面！

　　的确，这位美国妇女是由神圣的材料做成的。她的名字应流传千古，这位天才确实改变了整个世界。

专门成立的那个委员会举行了大量实际行动：公开募捐、拍卖礼物。但由于内部也存在着不少的分歧，导致效率不高，买回涅宜住宅的钱迟迟没有凑齐，不过这些钱使邓肯的生活大有起色。

1927 年夏，许多朋友来到了邓肯的身边，也让她心境豁然开朗，除了玛丽外，还有爱德华·斯泰肯，他于 1920 年在希腊摄制的一幅邓肯的照片，被誉为最能展示"最伟大的舞蹈家的风采"。艾尔玛·邓肯也来了！她专程从莫斯科赶来看望自己的养母，并汇报学校的近况。

7 月 8 日下午，邓肯在莫加多尔剧院举行了她一生中最后一场公开演出。乐队指挥是艾伯特·沃尔夫，节目是邓肯精心选定的，有舒伯特的《圣母颂》和瓦格纳的《绮瑟之死》等。

许多作家、记者、评论家都对那次演出写过印象记，而且是难得的众口一词的颂扬。其中魏尔纳有这样一段描述：

　　从来没有过这样的成功，没有过这样的令人入迷，甚至在她年轻时名声显赫的日子里，也不曾如此的动人心弦过。这里有一种神秘的、神圣的东西。

　　当她表演《圣母颂》时，观众的眼睛没有一只是干的。所有在场的人，评论家、舞蹈家、美术家、音乐家、舞台工作人员等，都看得出神入迷，失去理智。

表演刚刚结束，整个大厅的观众全体起立，鼓掌欢呼。啊，天啦，她取得了这最后一次胜利，是多么美啊！

邓肯为这次演出付出了所有的心力，面对热烈鼓掌欢呼的观众，邓肯含着泪水，只是挥手致意。她将指挥沃尔夫请到撒满鲜花的台上来，一起向观众鞠躬、微笑。她一言不发。而以前每次演出之后，她都会来一段具有轰动效应的讲演。

台下的老朋友们都隐隐感到一丝无言的伤痛。

法国作家亨里特·索雷特意到她的化妆室去向她表示祝贺，后来他描述说：

她躺在那里，尚未完全脱掉的衣裙，露出一双赤脚，疲惫不堪的头靠在迷人的双臂上。她看上去心情沉重，涂有口红的双唇紧紧闭在一起，红发如同古代雕像中的头发那样卷曲着，宛若稻茎无力地搭在肩上。

当时，像有一块石头从天上落下来，砸在索雷的心坎上。他默默地退了出去。

8月12日，美国艺术家罗伯特·钱德勒和克莱门斯·伦道夫小姐主持午宴，邓肯和玛丽应邀出席。来接她俩的是一辆漂亮的布加迪赛车和一位英俊的意大利司机，他叫本奥伊特·法尔凯托，他们一路上谈笑风生，很快成了好朋友。

邓肯喜欢各种类型的车，而法尔凯托是这方面的大行家。他们相约后天一起去英格兰游乐场乘车兜风。

13 日，星期二，邓肯应邀到朋友和经纪人奥托伊斯先生家中用餐。他们研究了在里维埃拉和法国其他地区举行冬季巡回演出的可能性。

1927 年 9 月 14 日晚，邓肯与好友玛丽在尼斯一家位于英格兰大街附近的饭馆里静静地用餐。

玛丽的思绪正在被一种莫名的感觉困扰着。空气中有一种压抑的气氛。她喝了一口酒后说："伊莎多拉，真奇怪，我突然有一种不祥的预感。"

邓肯说："今晚我只乘车出去转转，很快就回来。玛丽，你有些迷信了，抽支烟吧，心情会好些。"

她们离开餐馆，回到工作室。邓肯边等法尔凯托，边打开唱片随着歌声跳起舞来。

听到敲门声，邓肯一把抓起色彩斑斓的红色羊毛围巾，在脖颈上绕了两圈，舞着走向房门去迎接法尔凯托。

当她在门厅里准备出发时，玛丽看了一眼她单薄的衣着说："伊莎多拉，你最好穿上我的外套，不然你会着凉的。"

邓肯回答说："不用，我戴上了红围巾挺暖和。"

法尔凯托也在一旁说："我的汽车不太干净，你披上我的外套好吗？"

邓肯摇了摇头。法尔凯托就转身向汽车走去，邓肯则在后面边舞边跟着。当她在司机身旁落座时，她转过身来向玛丽以及站在工作室门厅里的一位朋友挥手喊道："再见，朋友，我走向光明去啦！"

汽车启动时，人们见到邓肯将长围巾的流苏甩到了左肩上。汽车全速向前冲去，围巾的一角落在车轮旁边的地上。

玛丽尖叫起来："你的围巾，伊莎多拉，捡起你的围巾。"

仅仅1分钟不到，汽车戛然而止，人们以为这是为了让邓肯捡起围巾，就一起走上前去，却发现邓肯的头部已经向前倒下去。只见法尔凯托哭着跑出来，一边哀号："我杀死了圣母，我杀死了圣母！"

红围巾的一部分和流苏被紧紧地缠在车轴上。当疾驶的汽车突然颠簸时，围巾裹紧了邓肯的颈部。上帝以奇特的方式唤回了在人世受苦的孩子，死神在无情地行使使命时，总算不忘以一种出色的方式去配合她追求美和浪漫的个性。它只用一个突如其来的动作便迅速压碎了她的颈动脉。

朋友们抽泣着剪断厚厚的红围巾，火速把邓肯送往圣罗克医院。然而她的呼吸已完全停止，生命已离她而去。那里的医生们当即就宣布了她的死亡。

天才的舞蹈女神伊莎多拉·邓肯就这样告别了人间，年仅50岁。

附　录

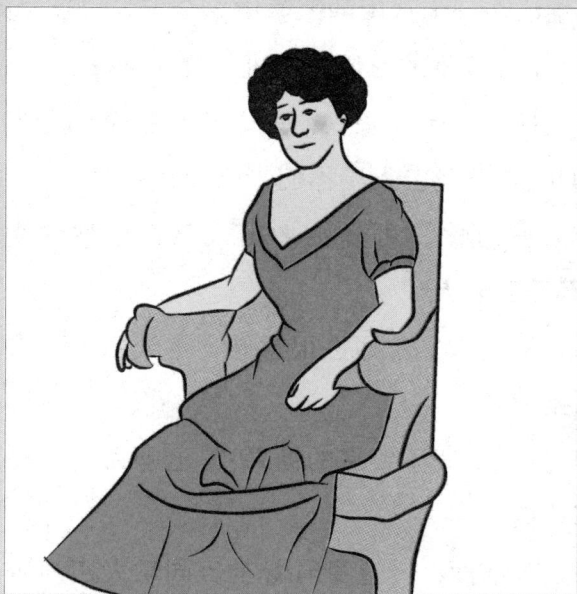

　　人的一生是短暂的，如果不能集中精力和时间来追求自己的理想，那将遗恨终生。

——邓　肯

经典故事

❧ 从小坚持真理 ❧

邓肯从小生活在一个贫困的家庭中，全家人仅靠母亲教授音乐的微薄收入维持生计。7岁的时候，她进了公立学校。

一次，学校举行圣诞节联欢会，老师向孩子们分发糖果和蛋糕："孩子们，你们瞧，圣诞老人给你们带来什么啦？"

孩子们都欢呼起来，可是她却出人意料地站起来，认真地说："根本没有什么圣诞老人！"

孩子们都非常吃惊，老师也很意外，生气地说："糖果只发给相信圣诞老人的孩子！"

邓肯大声说："那我不要您的糖果！"老师大发脾气，命令她走到前面去，坐到地板上。

她昂着头走到前面，转过身对着全班同学大声演讲："我不相信谎言，我妈妈告诉我，她太穷，当不了圣诞老人。只有那些有钱的妈妈才能装扮圣诞老人送礼物！"

老师怒气冲冲地走上前来，抓住她的肩膀使劲向下按，想强迫她跪到地板上，但是邓肯紧绷住双腿，死死抓住老师不放，结果就是没被按倒。这招失败后，老师又让她站到墙角去。

她虽然面对墙角，仍不停地回头大嚷："就是没有圣诞老人！就是没有圣诞老人！"

最后，老师没有办法，只好打发她先回家。一路上，这倔强的孩子还在大声叫喊："没有圣诞老人，就是没有圣诞老人！"回到家她还在想："不给我糖果，还惩罚我，就因为我说了真话。"

她一五一十地告诉了妈妈："妈妈，我说得对吗？"

妈妈说："没有圣诞老人，也没有上帝，只有自己帮助自己。"

呆坐在波提切利的名画《春》前

邓肯在佛罗伦萨下了火车，然后用了几个星期的时间愉快地到处游览，看遍了美术馆、公园和橄榄园。

在那段时间里，是波提切利吸引了邓肯这颗年轻的心。一连几天，她在意大利画家波提切利的名画《春》前一坐就是几个小时，完全被它迷住了。

一次，善良的老管理员给她拿来一张凳子，并好奇而又饶有兴趣地观察邓肯看画时的表情。

邓肯一直在那里坐着，结果，她真的看到了鲜花在勃勃生长，赤裸的腿在翩翩起舞，画中人的身体在轻轻摇摆，而欢乐的使者来到她的身旁。于是她想："我一定要把这幅画编成舞蹈，把曾经使我痛苦万分的爱的信息，以及孕育万物的春天，带给人们。我一定要用舞蹈把我感受到的这种巨大的喜悦传递给人们。"

这就是邓肯在佛罗伦萨面对波提切利的《春》所作的思索，后来她就努力将它编成了舞蹈。在里面，甜蜜的异教徒生活时隐时现，阿芙洛狄特光辉通过更为仁慈温柔的圣母的形象来表现，阿波罗就像圣塞巴斯蒂安一样来到嫩芽初上的树林中！啊，所有这一切就像充满欢乐的暖流涌进她的胸膛，她急切地想把它们表现在自己的舞蹈中，她称之为《未来之舞》。

❧ 对音乐的完美诠释 ❧

邓肯离开了戴利，回到卡内基会堂的工作室。这时她忽然被美国钢琴家、作曲家埃斯尔伯特·雷文的音乐深深地吸引住，并为他的音乐《拉吉苏斯》《奥菲莉亚》《水仙女》等创作了舞蹈。

然而雷文并不买账，他找到邓肯并大声嚷道："听说你用我的乐曲跳舞，我不准，我不准！我的音乐可不是舞蹈音乐，谁也不许用它来跳舞！"

邓肯拉着他的手，领他到一把椅子旁边。

"请坐，"她说，"我要用你的乐曲跳个舞给你瞧瞧，要是你不喜欢，我发誓以后决不再用它来跳舞。"

于是邓肯用他的《拉吉苏斯》跳给他看。从那美妙的曲调中，邓肯早已发现作曲家对于年轻的拉吉苏斯的想象：他站在小溪旁看着看着，终于对自己的影子发生了爱恋，最后衰竭而死，成了一朵水仙花。

最后一个音符的声响还没有消逝，雷文已经从椅子上跳起来，冲过来一把把她抱住，两眼噙满泪水，凝视着她。

"你真是个天使，"他说，"你真是个歌舞女神。我创作这个乐曲的时候，心目中所看到的恰恰就是你表现的形象。"

雷文完全陶醉了，立即建议跟邓肯在一起，在卡内基音乐厅里举行演出，并将亲自为她伴奏。雷文亲自筹备，预订会场，设计海报，并且每天晚上都来跟邓肯一起排演。

❧ 巧妙渡难关 ❧

1900 年 5 月 26 日，邓肯全家从赫尔坐火车到达伦敦。那天恰好是她 23 岁生日。

到伦敦的头几天，他们乘坐公共马车到处游逛，忘记了剩下的钱已为数无几。几星期后，客栈主妇怒气冲冲来索账，才把他们从游览梦中惊醒过来。

一家四口最后被客栈主妇赶了出来，他们在伦敦举目无亲，甚至晚上没有歇宿之处，只好在街上流浪，试了两三家旅馆，但店主看到他们没有行李，坚持要预付房租。他们又试了两三家供宿铺位的房屋，那些房东太太都表现出同样的冷酷无情。

最后，他们只好去跟格林公园里的长凳打交道，然而来了个恶狠狠的警察，喝令他们滚蛋。

这种情况持续到了第四天，无论如何维持不下去了。邓肯漫无目的地到处游逛。在这片陌生的土地上，她只有这样碰碰运气了。她让母亲、雷蒙德和伊丽莎白一声不吭地跟着她走，大模大样地跨进伦敦一家最豪华的旅馆。叫醒了半睡半醒的夜班侍者，说他们刚乘夜班火车来到这儿，行李即将从利物浦运来，快给他们开几个房间，并且把早点送上楼来。

那天，他们在舒适的床上睡了一整天，还不时地给楼下的侍者打电话，厉声指责行李怎么还没运到。

晚上他们就在房间里吃饭。

第二天拂晓，他们感觉这个把戏必须结束了，就像来时那样，大模大样地走出了旅馆。当然这次没叫醒那位夜班侍者。

年 谱

1877 年 5 月 26 日，出生于旧金山。

1890 年，母女俩去芝加哥寻求发展。

1900 年，和全家离开美国，前往欧洲开辟自己的前程。

1902 年，到了巴黎，她很快名扬整个巴黎。

1905 年，生下女儿迪尔德。

1908 年，生下儿子帕特里克。

1913 年，两个孩子在乘车事故中溺水而死。

1904 年至 1913 年，数次访问俄国。

1921 年至 1922 年，苏俄政府帮她在莫斯科建了一所舞蹈学校，她到苏俄定居，并在那里与狂热激进的苏俄革命诗人叶赛宁相识、结婚。

1923 年，最后一次赴美巡回演出。

1924 年，返回苏联，与叶赛宁分手。

1925 年 12 月 28 日，叶赛宁自杀身死。邓肯悲痛万分。

1924 年至 1927 年，邓肯生活在柏林、巴黎、尼斯之间，居无定所。

1927 年 9 月 14 日，邓肯在尼斯因意外事故去世，享年 50 岁。同年，她的自传《我的生平》出版。

名 言

● 最自由的身体，蕴藏着最高的智慧。

● 只有唤起人类追求美的愿望，她才能获得美的本身。

● 发现美、创造美、欣赏美才能使我们的生活更精彩。

● 刻板，就是因为他们一心一意奔向一个目标而无暇旁顾。

● 于古典艺术中凝练舞蹈的元素，如同在原野上采撷花朵。

● 舞蹈是一个对生命的完整概念，还有透过动作表达人类心灵的艺术。

● 将来的舞蹈家必须是肉体与灵魂相结合的，肉体动作必须发展为灵魂的自然语言。

● 我发现了舞蹈，这种已经失传了两千年的艺术。我这种思想，要改变整个时代的潮流。

● 当我在舞蹈上向观众展示自己的作品那一刻，觉得自己是世上幸运的人，我便忘记了人生所有的酸甜苦辣。

● 新事物如果遇不到旧势力的阻遏，那就不过是旧的变种，或者，是毫无生命力的新事物，好比温室里培育出来的幼苗。

图书在版编目(CIP)数据

邓肯/赖春红编著. —北京:中国社会出版社,2013.3
(2022.6 重印)
(世界名人非常之路)
ISBN 978 - 7 - 5087 - 4347 - 9

Ⅰ.①邓… Ⅱ.①赖… Ⅲ.①邓肯,I.(1877～1927)-
生平事迹 Ⅳ.①K837.125.76

中国版本图书馆 CIP 数据核字(2013)第 036314 号

出 版 人:浦善新		策划编辑:侯 钰	
责任编辑:侯 钰		封面设计:张 莉	

出版发行:中国社会出版社　　　　　地　　址:北京市西城区二龙路甲 33 号
邮政编码:100032　　　　　　　　　编 辑 部:(010)58124867
网　　址:shcbs.mca.gov.cn　　　　发 行 部:(010)58124866
经　　销:各地新华书店

印刷装订:北京华创印务有限公司　　开　　本:170mm×240mm 1/16
印　　张:13　　　　　　　　　　　字　　数:200 千字
版　　次:2013 年 3 月第 1 版　　　印　　次:2022 年 6 月第 3 次印刷
定　　价:49.80 元

中国社会出版社微信公众号　　　　　中国社会出版社天猫旗舰店